JN241302

伊藤千尋

13歳からのジャーナリスト

社会正義を求め　世界を駆ける

かもがわ出版

はじめに

人はだれも、ジャーナリストの素質を持っている。もちろん、あなたも。

身のまわりのことを知りたいと思うし、知ったら伝えたいと思うだろう。好奇心《こうきしん》が強い人、なぜだろうと疑問を持つことが多い人は、とりわけジャーナリストに向いている。未知のことがらを発掘し世の明るみに出すなんて、宝探しのようでワクワクするではないか。

アメリカのスティーブン・ソターさんは中学1年生で12歳のとき、授業で広島、長崎への原爆投下を習った。しかし、その結果がどうなったかはわからない。13歳の1年間、ビデオカメラを手に友だちと2人で原爆を開発した科学者らにインタビューした。深く知って行くうちに「同世代の若者に原爆の恐ろしさを伝えたい」と目的を意識した。完成した16分のドキュメンタリー映画『魔法のランプのジニー』はニューヨークの国連本部で上映され、2005年にはシカゴの「国際子ども映画祭」で最優秀賞を獲得した。13歳でも立派なビデオ・ジャーナリストだ。

彼のように、その気になれば13歳でもジャーナリストとしての活動はできるし、23歳ならスタートに最適だ。人生でほかの仕事を経験し43歳でジャーナリストに転職することもできる。定年後に63歳で第二の人生として選ぶことだってできる。

いま起きているニュースの現場に行ってみたい……。それはだれしも思うこと。やってみたいことが仕事になるなら、人生それに越したことはない。

でも、ジャーナリストって、何をする仕事だろうか。ただ知らせるだけなら広報や宣伝も同じだ。何が違うのか。だれかに言われたままを伝えるのはジャーナリストの仕事ではない。知りたいことを自分で決め、納得いくまで取材したうえで確かなメッセージを抱き、それを伝えるがジャーナリストだ。

では、なぜ伝えるのか。ジャーナリストによって違うだろうが、私には私の明確な目的がある。それは社会をよくすることだ。今の社会がおかしいと思うなら、何がおかしいのかを見極め、どういう社会が理想的なのか、どうしたらそこに到達できるのか……道筋を指摘することだ。だれもが公正に公平に安心して生きられる、社会正義が実現された社会に向けて。

私は大学を卒業して新聞社に入り、40年間ひたすらジャーナリストとして新聞、週刊誌の記者、月刊誌の編集者をした。本を書き社外の雑誌に寄稿し講演もした。退職後もフリーランスのジャーナリストとして5年を過ごした。この仕事が大好きで、天職だと思っている。これからも倒れるまで続けるだろう。

この本は、これまで45年間の活動のうち、独り立ちした記者として海外に出て以来の35年間の歩みを綴《つづ》った。一人の自覚したジャーナリストがどんな事実に突き当たってどう考え、どう行動し、何を発信して来たかを書いた。読みながらジャーナリストの生き方を追体験し、心躍るジャーナリストの世界を味わってみてほしい。

この世界は、あなたを待っている。

13歳からのジャーナリスト

社会正義を求め世界を駆ける

もくじ

装丁　加門　啓子

序　章

ジャーナリスト45年、82か国を取材

〈33か国を一人で〉

成田空港を飛び立ってアメリカのニューヨークに向かう飛行機は、離陸からすでに10時間以上が過ぎた。乗客が寝静まった真っ暗な機内で、私は一人だけ眠れない。新聞社の特派員として初めて海外で仕事するこれからの3年間を考えると不安が脳を渦巻《うずま》いて、眠るどころではなかった。

特派員。それは新聞社が世界の各地に派遣する記者だ。朝日新聞は当時、世界22か国に26の支局を置いていた。特派員の総数は45人ほど。私はその一人で、これから南米のブラジルにあるサンパウロ支局の支局長として赴任《ふにん》する。

支局長といっても記者は私一人だけ。受け持つ地域はメキシコからパナマに至る中米とブラジルやアルゼンチンなどのある南米、そしてキューバなどカリブ海にある国々を含めたラテンアメリカだ。つまりアメリカから南、南極までのすべてである。面積は地球の陸地の7分の1で、33の国がある。人口は約4億人。それをたった一人で担当せよという。無茶だ。

朝日新聞は当時、アメリカだけで11人の記者を置いていた。それが中南米は33か国で1人……。他の新聞社、放送局も似た状況である。日本の国際報道の態勢がいかにアメリカ一辺倒で、中南米やアフリカなどの第三世界を軽視しているか、この数字からわかる。

外国に住むだけでも大変なのに、33の国を受け持つのだ。戦争や選挙、災害など、何かあれば現地に行かなくてはならない。大統領のインタビューも一人でこなさなければならないし、大統領に面会する手続きを自分でしなくてはならない。だれに、どう当たったらいいのか、さっぱりわからない。それどころか出張の飛行機やホテルの手配まで、すべてを自分一人でこなさなくてはならない。

通訳もいない。ふつう特派員は記者としてベテランであり、英語はもちろん、行き先の国の言葉をぺらぺら話せる人が任命される。ブラジルはポルトガル語、中南米の大半はスペイン語なので、外国語大学のスペイン語学科を出た人が就任するケースが多い。ところが私は記者として10年の経験はあるけれど、法学部で政治学を学んだ身だ。大学でスペイン語を習ったことがない。大学3年のときに好奇心からキューバで半年、サトウキビ刈りの農業ボランティアをしたが、耳から覚えたスペイン語は13年後の今、とっくに忘れている。ましてポルトガル語など「オブリガード（ありがとう）」という一言を覚えただけだ。あとはまったく知らない。

〈新聞の詩人〉

こんなことを考えると、心細くなるのが当然だ。特派員なんてできるわけがない。その不可能な仕事に、これから向かおうとしている。だから不安で眠れない。そんな中、ふと気づくと右の窓から光が射していた。眠れないまま朝になったのだ。ため息をつきながら窓をそっと開けると、眼下の大地が光っている。見下ろすと湖だ。アメリカ北部の五大湖である。輝く湖面を見た瞬間、脳に希望がひらめいた。この大地は私を歓迎してくれている……と思った。

とたんに、不安がうそのように消えた。逆に、これからの特派員活動が楽しみになった。自分の意志で担当地域のどこの国にも行ける。当時、ニカラグアなど中米の3つの国が内戦をしていた。内戦とは同じ国民どうしが殺し合う悲惨な戦争だ。その最前線に行き、困っている難民たちの姿を伝えよう。日本にはほとんど知られていない地球の反対側の国々に生きる人々の姿を紹介したい。政治や経済だけでなく、南米ペルーのマチュピチュ遺跡《いせき》や太平洋上の石像で名高いイースター島にも行き、古代文明の謎にも触れたい……。夢が膨《ふく》らんだ。

この楽天性が、その後の特派員活動の基盤《きばん》だった。ラテンアメリカの人々は世界でもとりわけ楽天的な国民性で、一口にラテン的、あるいはラテン気質と言う。この地域を担当する私は幸い、言葉はできなくてもこの地域にふさわしい性格だけは身に備えていた。

飛行機がニューヨークに着いたとき、心にはすでに余裕《よゆう》があった。ルンルン気分だったと言ってもいい。朝日新聞ニューヨーク支局にあいさつに行く前に、名高い近代美術館を訪れた。ピカソやモネの絵を見た後、写真展をのぞくと、アメリカのヨセミテ国立公園を撮《と》った写真が並んでいた。その美しさ、神々しさに声を失うほど驚いた。風景写真を見て感動したのは、これが初めてだ。いったい、どんな人がこんな素晴らしい写真を撮影《さつえい》したのか。そう思って展示を読むと、アンセル・

アダムスというアメリカ人の写真家だった。

彼の経歴が書いてある。たった1枚の写真を撮るため労をいとわず、最も良い位置、最も良い時間を探して歩き回った。最大限の努力の末に切り取った最良の自然の風景だ。その作品が見る人を感動させるために、彼は「写真の詩人」と呼ばれたと書いてある。

私は天啓《てんけい》だと思った。彼が自然の風景を切り取った1枚の写真で人を感動させるなら、私は事実を示した1本の記事で読者を感動させよう。単に表面的な事実を書きつけるのでなく、そこに込められた人々の思いや歴史の潮流をくみ取り、読者の心に響く記事を届けよう。これを読めば悩んでいる人の心に光が射すような人間性に満ちた内容を盛り込もう。そのためには足で駆《か》けずり回っていち早く現場に行き、そこにいる人々の生の声を紙面に載《の》せよう。可能な限り現地に足を運んで内容の濃いルポルタージュ（ルポ）を書こう。

言葉がわからなかったら辞書を持っていけばいい。それでもわからなければ、目で見たことや手で触れたことを書けばいい。私は「新聞の詩人」になろう……そう決意した。

〈4冊合わせたパスポート〉

実際、その後の中南米の3年間で、飛行機に400回乗った。2〜3日に1回は空を飛んでいたことになる。北はアメリカから南は南米の南端まで休むことなく駆けまわった。

手元に分厚いパスポートがある。今のパスポートと比べて、幅は同じ9センチだが縦が1・5倍の約15センチある。1冊の厚さは5ミリだが、それを4冊重ねて貼り合わせたものだ。下から順に1冊目の表紙と2冊目の裏表紙、2冊目の表紙と3冊目の裏表紙……をそれぞれ紅白のリボンでくくって赤いシールで封印し、シールには外務省の公印が押してある。

当時のパスポートのページ数は24ページだった。しかし、特派員として各地を飛び回っているうち、あっという間にすべてのページが入国、出国のスタンプで埋まった。一枚に12個のスタンプが押されたページもある。日本領事館に持っていくと、新しく16ページを後ろに張り付けてくれた。それもすべて埋まったので再び領事館に行くと、このパスポートの上に新しいパスポートを貼《は》り付けてくれた。新しく別のパスポートを発行すればいいようなものだが、そうすると最初のパスポートに押してある5年有効のアメリカのアイビザ（Iビザ＝取材ビザ）が使えなくなる。このため面倒な貼り付けをするのだ。

それは1冊目を最初に使い始めてから1年2か月後だった。2冊目もすぐにいっぱいになり、3冊目がくっつけられたのが1年7か月後。それもいっぱいになり、4冊目が合冊されたのが1年5

取材のさいに使用した各国の記者証

か月後だった。４冊合わせた厚みは2センチもある。スーツの胸のポケットに入れると異様なほど膨《ふく》らんだし、重い。

最初のスタンプは、日本を出国した１９８４年6月２５日だ。同じ日付でアメリカの入国スタンプが押してある。この日が「新聞の詩人」になろうと決意をした日、ジャーナリストとして私の出発点となった日だ。

この特大パスポートは中南米特派員のあとも役立った。週刊誌『ＡＥＲＡ』の取材では主にアジア各地をまわった。その後はスペイン特派員となってヨーロッパへ。１９９３年まで9年間にわたって、このパスポートが使われている。さらにその後、アメリカ特派員として赴任し、世界各地を取材旅行するなどでパスポートは新しくなり、それも更新に更新を重ね、今は4冊目だ。

朝日新聞記者として４０年、その後のフリー・ジャーナリストとしての5年。計４５年間で取材した国は８２か国にのぼる。そのすべての国、すべての地域に生きる人々の人生、苦悩、喜び、そして世界の現在の在りようを伝え、未来の在るべき姿を探ろうとしたのが、私のジャーナリスト活動報告だ。

まずは、その第一歩となった中南米から語ろう。

第1章

初めての特派員 — 中南米

初めての特派員として何もわからないまま飛び込んだのは、地球の反対側の中南米だ。そこは戦争と独裁政権そして貧困が渦巻く悲惨な地だった。でも人々はめげずに民主主義や平和な生活を求めて必死に生きている。そこには日本とは違う常識があった。

豪華な衣装に身を包み山車の上で踊る女性
（1987年、ブラジル・リオのカーニバルで）

1．途上国への誤解

〈空気が甘い〉

アメリカを南下して南米ブラジルのサンパウロに降り立った。日本とは地球の反対側だ。沿道には高さ10メートル以上のジャカランダの樹が黄色や薄紫《うすむらさき》色の鮮やかな花を咲かせる。サンパウロ市の人口は1000万人を超す。東京とほとんど同じだ。市の中心部には高層ビルが林立し、ニューヨークのマンハッタンのようだ。当時、東京の都心でさえ高層ビルは少なかった。開発途上国の町の方が、日本の首都よりはるかに大都会に見える。

空気が妙に甘い。街を走る車の多くがサトウキビのエタノールを燃料としているため、排気ガスは砂糖の香りがする。タクシーは100％エタノールだ。1970年代の石油ショックをきっかけにブラジルは石炭や石油など化石燃料から自然エネルギーに転換することを宣言し、1975年には「国家アルコール計画」でバイオ・エネルギーの開発を進めた。日本は2011年に福島の原発事故が起きてようやく自然エネルギーに本格的に取り組むようになったが、ブラジルはその40年以上も前に国を挙げて実用化していたのだ。

ブラジルと聞けば、赴任する前はアマゾンの密林とリオのカーニバルとサッカーくらいのイメージしかなかった。来てみると、とんでもない。日本よりも進んだ面がいくらでもある。

着任して最初に書いた本格的な記事は、ブラジルの石油自給率が5割に達したという内容だ。国際報道を手掛ける前は社会部にいたため、経済記事を書いたことがない。サンパウロに駐在している日本の商社の石油担当者ら4人に会い、ブラジルの石油事情を一から聞いた。

ラテン気質《かたぎ》は何事も大げさに言う。「10年後には石油を完全自給する見込み」というブラジル政府の発表を記事に書き入れながら、できもしない夢を語っていると思った。ところがわずか3年後、石油自給率100%を達成した。この国は21世紀に急速に経済発展するが、素地はこのころからあったのだ。できもしない夢……と思ったのは、先進国側から途上国を見下した発想だった。

〈カーニバルはデモだ〉

「人類最大の祭典」と呼ばれ、期間中の死者数百人と言われるリオのカーニバルの実態はどうだろうか。現場に行ってみた。サンパウロからリオデジャネイロまで飛行機で1時間。内陸のサンパウロと違って、海辺に面したリオは太陽が降り注ぐリゾートだ。名高いコパカバーナの浜辺に高級ホテルが建ち並ぶ。さらに向こうの丘の斜面には小屋が密集している。スラムだ。

呼び物のサンバ・パレードの会場は市の中心部にあった。大通りを500メートル仕切った両側に、階段状のコンクリートの観覧席《かんらんせき》が高くそびえる。そこには私を含め5万人もの観客がいる。

午後8時、パレードのスタートだ。1チーム約3000人、それが13チームあり、次々に踊りながら歩いて来る。出発点がかなり離れていて暗いので姿は見えないが、開始したのはわかる。先頭200人の鼓笛隊《こてきたい》が一斉に打つ太鼓《たいこ》の音が波となって押し寄せ、空気がパン、パンと頬を打つ。

やがて金銀の衣装を身につけた女性たちが押し寄せて来た。目の前で見れば相撲《すもう》取りのような三段腹。すごみと迫力をたたえた自信満々の表情に、神々しいばかりの荘厳《そうごん》な美を感じる。大音量とまぶしい光の洪水に包まれる。凄《すさ》まじい迫力だ。観覧席に座っている人などいない。ビール瓶《びん》を片手に立って踊りながら見ている。みんなサンバ・チームのリズムに合わせて踊るから、コンクリートの観覧席が同調してユサユサ、倒壊しそうなほどに揺れる。

カーニバルは日本で想像するような乱痴気《らんちき》騒ぎではない。各チームは毎年テーマを考え、それに沿った衣装と歌、踊りを工夫する。このときのテーマは「報道の自由」「民主化の喜び」などだった。その後も「奴隷解放の歴史」など硬派なものが目立つ。2019年は「自由と偏見」や「第一線に立つブラジル女性」が掲げられた。軍警察に暗殺された女性人権活動家の肖像画が登場して盛大な拍手が沸いた。

祭の主役は、ふだん政治の表舞台から見捨てられた貧しいスラムの住民だ。彼らは1年の稼《かせ》ぎをカーニバルの1週間に注ぐ。テーマからもわかるように、これは政治的なデモンストレーションなのだ。無辜《むこ》の民による抵抗の行動である。社会正義の実現こそ、リオのカーニバルを通底《つうてい》する主張だ。パワーの根源はそこにある。

死者数百人などというのは祭の期間中にリオ州で起きた交通事故なども含めた死者数だ。わざわざ誤解を誘うような数字を挙げるのは、途上国を見下す先進国側の報道姿勢に原因がある。そこに気づいたあとは姿勢をただした。

〈桜のサ〉

取材したことを原稿に書くが、当時はパソコンなどなかった。原稿用紙に手書きである。新聞社が使っていたのは200字詰めの原稿用紙だ。問題は記事を書く時間帯だ。地球の反対側で時差がちょうど12時間ある。昼と夜が真反対なのだ。

ブラジルが昼の時は取材に走り回り、夜9時になると日本の夕刊用の原稿を出す。朝刊用に出稿するのはブラジル時間の明け方、午前4時だ。本当なら寝ている時間である。もっと早い時間に原稿を出しても、朝刊担当のデスクとの電話でのやりとりが必要だ。このため夕刊用の原稿を出したあと、朝刊用の原稿を書いて明け方まで起きていることも多い。当然、寝不足になる。

記事を書くとき、必要なのは集中することだ。大いに役立ったのは日本から持参した古典落語の全集だ。パッと開いたページの落語をひとくさり読むと、頭が空っぽになって記事に集中できた。日本を出るとき、持って行ける荷物は段ボール6箱に限られていた。妻と小学生の子が2人、幼稚園児が1人の計3人の子どもがいて、荷物の半分は子ども用の服や絵本に占められた。仕事上で私が必要なもの、妻と私の衣服や日用品もある。残りのスペースがほとんどない。

無人島に行く時に本を3冊持てるなら何を選ぶか……という冗談のような状況に直面した。選んだのは『石川啄木歌集』と『平家物語』と『古典落語全集』だ。記事を書くたびに落語をどれか1篇読んだため、3年後に帰国するときは、載っていた落語をほとんどそらんじていた。

今ならインターネットで記事を瞬時に送れるが、当時そのような便利なものはない。ファクスさえ支局にはなかった。原稿は電話で「吹き込む」のだ。

記事の最初には【サンパウロ1日=伊藤特派員】など発信地と発信者の名が必ず入った。これをクレジットと言う。そのあと本文を読む。電話の向こうにはタイプ打ちする係がいる。カタカナ文字は聞き間違いがないように、「サンパウロ」と言ったあとで「桜のサ、おしまいのン、葉書のハに丸、浦島のウ、ロシアのロ」と説明した。同音異字がある場合、たとえば「グンセイ（軍政）」と言ったあとで「軍人の政治」と言い換えた。当然ながら時間がかかる。

しかも当時の新聞の記事は量が多かった。今は新聞の活字が大きくなって1行が12字あり、国際面の記事も最大で150行程度だ。字数で数えると1800字である。しかし、当時の活字は小さくて1行に15字入った。「特派員報告」という1ページの3分の2を占める記事は220行あった。3300字になる。現在と当時では同じスペースでも情報量が倍近くも違うことがわかる。「特派員報告」を電話で吹き込むのに1時間かかった。

〈内戦の現場へ〉

朝日新聞サンパウロ支局といっても自宅のマンションの1室である。記者は私一人しかいない。ほかには切り抜きなどしてくれる現地採用の助手が一人いただけなので、一部屋で充分だ。

支局の部屋に入るとチチチチ……と目覚まし時計のような機械音が絶え間なく響く。それも3台がそれぞれ別に、耳障《みみざわ》りな音を小刻みに鳴らす。音を出しているのはタイプライターのような、チッカーという器械だ。英国のロイター、米国のAP、フランスのAFPという世界の三大通信社がニュースを、ひっきりなしに打電してくる。昼も夜も、24時間鳴りやむことがない。大事件が起きれば「チン」と音が鳴ってアージェント（至急報）であることを告げる。

ニカラグア内戦の情勢、アメリカの穀物《こくもつ》相場の値動き、アルゼンチンのサッカーの試合結果……。入ってくるニュースはアメリカ大陸で今まさに起きているあらゆる動きだ。

タイプで打たれた活字はスペイン語だ。日本を出る前の1年弱、2人の先生から個人レッスンを受けて必死にスペイン語を勉強したが、難しい専門用語が出て来る文章をパッと読んでわかるはずがない。1行に10くらい並んだ単語のうち知らないものが2つか3つある。ゆっくり見ている暇はない。重大な事件なら、すぐに現場に行かなければならない。その場に立って辞書を引き、書いてあることを瞬時に理解する。

同じニュースでも通信社によって内容や書き方が違う。英国のロイターの記事は筋道だっていてわかりやすく、全体像をつかむのにいい。樹で言えば幹のようだ。アメリカのAPにはロイター電にはない現場の様子が盛り込まれている。樹で言えば枝だ。フランスのAFPは枝葉末節《しようまっせつ》にこだわり全体像がわかりにくいが、細かい点が実に詳しい。樹で言えば花である。このように報道にもお国ぶりが見られる。

こうした外電でニュースのおおまかな内容を知る。それを訳してつなぎ合わせ「横文字を縦にする」だけで簡単な記事はできる。でも、せっかく現地にいるのだ。独自の取材をしよう。現場に行こう。最初に出張したのは、内戦が世界の焦点になっている中米のニカラグアだった。

ブラジルからニカラグアに直接に行ける飛行機便はない。アメリカを経由する。サンパウロを午後6時に出る国内便の飛行機に乗り、1時間かけてリオデジャネイロに行く。そこでアメリカのマイアミ行きの国際便に乗る。午後9時に離陸する夜間飛行で、マイアミに着くのは翌朝の午前5時だ。ほとんど眠らないまま午前9時発のメキシコ航空の飛行機に乗り換えてメキシコを目指す。到着すると中米の5か国を「各駅停車」するエルサルバドル航空の飛行機に乗り換える。グアテマラ、エルサルバドル、ホンジュラスに降りた後、ようやくニカラグアに着くのは午後6時だ。サンパウロを出発してちょうど丸一日かかる。それも片道だけで……。

エルサルバドル航空の飛行機はまだよかったが、ニカラグア航空の飛行機はひどかった。座席に座って背もたれに寄りかかると、そのまま後ろに倒れてしまうのだ。シートベルトは切れているし、ベルトがついていない席もある。まともな座席は一つもない。全席が自由席だったから、すばやく駆け込んで少しでもましな座席を探した。そんな危ない飛行機によく乗れるな、と言われるが、こんなことをくよくよ気にしていたら第3世界の特派員など務まらない。

2. 少年兵、銃を取る神父

〈兵士は小学生〉

ニカラグアの首都マナグアに着くと、飛行場の建物は日本の小さな地方都市の飛行場よりも小さい。あたりは軍服を着て自動小銃を肩にかけた兵士だらけだ。通関の検査をしているのも緑の制服を着た軍人である。その半数は女性兵士だ。タクシーで首都中心部のホテルを目指した。個人が自家用車をタクシーとして使っている。値段はその場の交渉で決める。

首都の中心部はまるで廃墟《はいきょ》のように荒れていた。1972年に起きた地震のために建物が壊れ放置されたまま、茂ったススキの間に無残な姿をさらしている。地震が起きた当時は独裁政治で、世界から寄せられた復興資金を独裁者が着服した。79年に左翼革命が成功すると、独裁者は国庫のカネを持って亡命した。その後、内戦が起きたため、首都中心部でさえ復興できない。国道沿いにバラックが並び、闇市《やみいち》だけが繁盛《はんじょう》している。

戦争の現場である最前線を目指した。ホテルの前にいた個人タクシーの運転手と交渉し、国境地帯の戦場まで200ドルで往復することになった。4〜5時間かけて国境に行き丘を上ると、目の前で砲身4メートルもある大砲が火を噴いている。

大砲のそばに、軍服を着て肩から自動小銃を下げた少年が立っていた。12歳で小学6年生だ。名をエクトル・ゴンサレスという。なぜ小学生が戦場にいるのかと聞くと、「安心して勉強したいから」と彼は答えた。国が平和でなければ落ち着いて勉強できない。一刻も早く戦争を終わらせるためには政府軍が強くなくてはならない。そのために兵士が一人でも多い方がいい。そう考え自ら

ニカラグアの革命5周年記念集会
（1984年、ニカラグアの首都マナグアで）

志願して兵士になったのだ。将来何か目標があるのかと問うと、「僕は海洋生物学者になる」ときっぱり答えた。驚くではないか。戦場にもかかわらず、この少年は明確な夢を持っていた。

以後もあちこちの戦場を訪れた。乗っていた車が戦場の真ん中でパンクしたことがある。修理の間にそこらを歩いていると、橋の側《そば》で銃を手に歩哨《ほしょう》に立っていた少年兵に会った。10歳で名をフィデルという。その目つきは鋭く、すさんでいた。川のほとりに座って彼と2時間、話した。彼は孤児だった。

フィデルは家で父親から虐待されていた。父は彼の弟だけをかわいがり、ゲリラに加わるため弟を連れて国境を越えた。朝起きてみるとフィデルは家に一人残されていた。泣く泣く山向こうのおばあさんを訪ねた。そのおばあさんも死んでしまった。生きて行くためには政府軍に志願するしかない。フィデルはこの暗い過去をさらけ出すように話した。

それを聞きながら私は、もどかしくて仕方なかった。私のスペイン語の能力が拙《つたな》いため、彼が言っていることの大半が理解できない。何度も聴《き》き直した。彼は明日、死ぬかもしれない。今の話は彼の遺言になるかもしれない。一人の人間が生きた証《あかし》を耳にしているのに、その思いをきちんと受け止められない。私は歯がゆかった。死に物狂いでスペイン語を勉強しようと、このとき心に誓った。

〈毛糸の十字架〉

隣国のエルサルバドルにも同じように頻繁《ひんぱん》に行った。この国はニカラグアと逆で、右翼政権に対して左翼ゲリラが戦争をしかけていた。両軍の力が拮抗《きっこう》し、空港と首都を結ぶ国道を取り合っていた。首都にたどり着くための30分、タクシーでずっと頭を下げるよう運転手から言われた。流れ弾が飛んでくるのだ。

前線地帯に行く前に国防省を訪れ、政府軍の広報担当の中佐に会った。「目下の激戦地は？」と聞くと、彼は壁の地図を棒で射して次々に地名を挙げた。激戦地だらけなのだ。「戦闘の時間帯は？」と聞くと「24時間だ」。「最近、最も大きな戦闘が起きたのは？」と問うと「いま、この瞬間かもしれない」と答える。最後に東部方面司令官への紹介状を書いてくれた。別れ際に「気を付けて行けよ。死ななかったらまた会おう」と笑った。その3か月後、新聞を開いて絶句した。ゲリラに射殺された彼の写真が載っていた。

下町の教会が難民キャンプになっていた。入り口の鉄の扉《とびら》は固く閉ざされている。難民を閉じ込めるためではない。政府軍の兵士が踏み込んで難民を連行し政府軍の兵士にするのを防ぐためだという。難民を保護するはずの政府軍が恐怖の的だ。難民の男性の一人は毛糸で編んだ十字架《か》を首から下げていた。収入がないため教会で売っている安物の金属製の十字架さえ買えず、着古したセーターのほつれた毛糸を糸で結んで3センチ四方の十字架にしている。彼が頼れるのは、この弱々しい毛糸の十字架だけなのだ。

こうした被害者の生活を目の当たりにすると、一刻も早く戦争が終わってほしいと心から願った。当時の国際政治ではニカラグアもエルサルバドルも、米ソの東西対決の構図の中で語られていた。だが、現場で見つめれば、そんな主義主張は取ってつけたようなものだ。私は抽象的《ちゅうしょうてき》な国際政治よりも、民衆の思いをつとめて紙面に載せようと思った。

〈解放の神学〉

そのニカラグアでフェルナンド・カルデナルという名のカトリックの神父が教育相に就任した。ニカラグアは左翼政権だ。閣僚に保守的なカトリック教会の神父など、普通ならありえない。あらためてニカラグア政府の顔ぶれを見ると、閣僚19人の中にカトリックの現役の神父が4人もいる。教育相のほかに外相、文化相、米州機構大使だ。カトリックといえば保守というイメージが強いが、その神父が左翼政権の中枢を占めている。

驚く一方で、心当たりもあった。赴任する前に中南米の研究者から知識を仕入れた。その中でカトリック教会の変化について聞いた。ノートを取り出すと「解放の神学」という言葉が書きつけてあった。

解放の神学。それはカトリック進歩派の考え方だ。抑圧された大衆を解放するためには社会構造の変革が必要であり、教会はただ祈るだけでなく現実の行動を通じて虐げられた人々を救済すべきだ、と主張する。カトリック教会が1968年に南米コロンビアで開いた第2バチカン公会議で公式に採択した。第一線で活躍する聖職者ほどこの考えが強く、市民運動のデモの先頭に立つ神父もいれば、銃を握って反政府ゲリラの司令官になった神父もいるという。はて、神父は右の頬《ほほ》を打たれたら左の頬を出せと説教するのではなかったか……。

ローマ法王庁がこの4人の神父に神父か閣僚か、どちらかを辞めるよう迫ったというニュースが飛び込んできた。それを国際面トップの大きな記事にした。やがて法王庁はカルデナル神父を処分した。それを受けて神父自身が記者会見するという。私はまたもニカラグアに向かった。

会議室の正面にテーブルがありマイクが並んでいる。記者席の最前列の中央に座った。カルデナル神父が登場した。私の目の前に神父がいる。白髪《はくはつ》でいかにも真面目そうな表情だが、見るからにやつれている。私と目が合った。悲しみと怒りが混ざった目だ。

神父はつぶやくように言った。「この国では内戦で８０００人が殺された。教会は殺人に目をつぶれというのか」。最初は静かな口調だったが、やがて両手のこぶしを握り締め、白髪を振り乱して叫んだ。「ニカラグアで問題なのは共産主義ではない。飢餓《きが》だ。国民は飢えている。教会は貧しい人々に黙って死ねと言うのか。教会は私に彼らを見捨てよと言うのか」。しばし沈黙したあと、神父は「私は貧しい人々とともに歩む。法王庁の処分はきわめて苦痛だが、祖国と革命を放棄することはそれにも増す痛みだ。いかなる力も私から聖職を奪うことはできない」と言い切った。教会の権威に抵抗して一人の宗教者として原点を貫く決意の表明である。

この人は本気だと感じた。彼は最後に「バチカン（法王庁）の政策には欧州の視点しかない。中南米と欧州の社会の違いを認識すべきだ」と語った。心から共感する言葉である。

〈常識を捨てる勇気〉

ニカラグアの左翼政権を「共産主義者」と非難する先頭に立ったのはアメリカのレーガン政権だ。しかし、ニカラグア革命はカルデナル神父が言うように「独裁者を追放して民主主義を獲得し、だれもが食べられるようにしたいという素朴で人道的な願いから出発したもの」である。アメリカが勝手に米ソ対決の枠組みでとらえ、アメリカが組織したゲリラを攻め込ませた。このため政権はいっそう左傾化した。それはこの国に入って取材すればすぐにわかった。

幸い、ニューヨーク・タイムズなど当時のアメリカのメディアはしっかりしていて、レーガン政権に批判的な論陣を張っていた。しかし、彼らもアメリカ人だ。中南米の国がアメリカ政府と対立すると、客観性を捨ててアメリカの立場に沿った報道が目立った。

中南米からアメリカを見ると、小国を踏みにじるアメリカ国家が見えてくる。末端《まったん》で活動する神父から法王庁を見ると、現場を知ろうとしない権威主義に気づく。しかし、日本にいるとアメリカから流れてくる情報をうのみにしがちだ。カトリック教会の動向もローマ法王庁の立場がすべて正しいと思ってしまう。本社サイドがこうした考えでいるなら、自分が取材した事実をもとにラテンアメリカの現実を納得してもらうまでとことん説明し、話し合うしかない。それが面倒だと妥協したら、事実が死んでしまう。

現地の強みは事実がふんだんにあることだ。ただし、取材しなければ得られない。労力を惜しまず、政府側も野党側も、さらに国境を越えてゲリラの陣地を訪ね、彼らの主張も取り上げた。それによって自分が自信を持って語ることができる。読者への記事の信頼度を上げるし、本社サイドの信頼も得ることにつながる。

私が書いた記事に対して東京のカトリック教会の幹部は「ニカラグアの閣僚神父は左翼を見張るために政権に入っているのだ」と信者に説明したと言う。これも、自分の常識からしか物事を判断しない発言である。

これは反面教師だ。人間は自分の頭の中にある常識でしか判断できない。知識の範囲が狭ければ、見当違いの判断をすることになる。とりわけジャーナリストは頭を柔軟にし、新しい事実に遭遇《そうぐう》したら、いったん自分の常識を捨てる勇気が必要だ。

カルデナル神父に対する処分は1997年に解かれた。一方、カルデナル神父を追放する先頭に立った法王庁きっての保守派ラツィンガー枢機卿《すうききょう》はローマ法王ベネディクト16世となったものの法王職を全うできず、途中で自ら退位した。替わった法王フランシスコは南米アルゼンチンの出身で、「中南米の視点」を持った最初の法王となった。

2018年にニカラグアを訪れるとカルデナル神父の本が書店に並んでいた。人々が心から信頼するのは声高にさけぶ政治家でも権力をひけらかす権威でもなく、ひたすら人々に寄り添って信念を貫く人だ。2016年に82歳で亡くなったカルデナル神父の冥福《めいふく》を祈りたい。

〈毎日が月曜日〉

このころ、どれだけ忙しかったか。当時、ニカラグア出張中の1週間を「毎日が月曜日」と題してコラムに書いた。

日曜日は農村取材のため山道を四輪駆動車で8時間走り、月曜日は朝5時に起きてゲリラと政府軍の戦闘の最前線に向かう。風邪《かぜ》のため発熱していたが予定を変えずに出発し、砲声が響く中を飲まず食わずで歩き回り、ホテルに帰り着いたのは午後10時。身についた砂ぼこりで風呂の水が土色になった。夢中で取材しているうちに風邪も熱も吹き飛んでいた。

火曜日の午前中は締め切りに追われたベネズエラの石油事情の記事を書き、午後は急に決まったニカラグア副大統領との会見をこなした。水曜日は飛行機に乗って隣国コスタリカに飛び、翌日の大統領就任式について取材し、木曜日は山奥の難民キャンプへ車で7時間かけて行き、夜はこの日の大統領就任の記事を送った。

金曜日は再度ニカラグアに入国するためのビザと飛行機のチケットを取るため奔走し、夜は中米情勢の記事書きと資料整理で、仕事を終えたのは日が変わって土曜日の午前3時だ。飛行機に乗るため午前4時半に空港に行かなければならず、完全徹夜で空港へ走った。ニカラグアに入ったのは午前7時。国際電話で申し入れていた取材の約束は7時45分だったので、空港から車を飛ばし1分遅れで到着した。熱帯の炎天下、日なたで3時間、大統領らの話を聞いた。急いで昼食をとり、トラックの荷台に乗って郊外の民兵射撃訓練場に行って取材し、ホテルで荷物を解いたのは午後7時だった。

こんな目まぐるしい動きが、ごく普通だった。

3．スラムに見た虹

〈2万％のインフレ〉

南米のアンデス山脈の奥地にあるボリビアでインフレの年率が2万3447％を記録したと聞いたのは1985年だ。インフレが100％で物価は2倍になる。2万％を超えると人々の生活はどうなるのか。日本が1973年に「狂乱物価」と呼ばれたときは、それでも24%だった。その1000倍の数字である。想像もつかない。現地に行くしかない。

ボリビア最大の都市ラパスの飛行場は海抜4100メートルの高地にある。飛行機のタラップを降りるとき、後頭部に鈍い圧迫感を感じ風邪を引いたように頭がボーっとした。高山病の症状だ。ほんの数歩で息が切れる。ホテルのフロントには長さ1メートルもある酸素吸入のボンベが置いてあった。

両替《りょうがえ》をすると、10万ペソ札を大量にくれた。これでも価値は30円だ。最高額の紙幣《しへい》は1000万ペソ札だが、3000円である。町に食事に出る時は札束で膨《ふく》らんだ袋を下げて行った。

高山病にならないよう最初の3日間は仕事をしない方がいい、と言われた。ならば着いてすぐ仕事をしてみせようと張り切ったのが間違いの元だ。日本に記事を送って眠ったが、深夜に息苦しくて目が覚めた。金魚のように口を開いてパクパクするが、空気が体に入って来ない。部屋から空気がなくなったような気がした。死ぬかもしれないと思うと、体中から脂汗《あぶらあせ》が噴《ふ》き出した。

見上げると枕元にボタンが見える。緊急のときにボタンを押せばすぐに酸素ボンベを運ぶとフロントで言われたのを思い出した。ところが、身体が金縛《かなしば》りにあったように動かない。そのまま気を失った。意識を取り戻したのは翌日の昼すぎだ。無理をせず忠告には従うものだと痛感した。

市民に生活を聞けば絶望する言葉ばかりだ。食事を切り詰めるので朝食をとらず、夜もコーヒー1杯とパン1枚。給料を受け取るとせっけんなど生活必需品を買い、現金が必要になるとせっけんを売る。こんな状況でも、ふっと心が和む風景があった。どこの商店のレジにも丸めた札束が置いである。極貧《ごくひん》の人々にあげるためだ。より困った人たちに心を配る優しい社会だ。

1週間のホテル代は2億4000万ペソだった。人生で億のカネを使うことはこれっきりだろう。フロントで紙幣を重ねると60センチの高さになり、従業員が2人がかりで紙幣を数えるのに20分かかった。

〈山奥のゲリラ〉

アンデス山脈を下って太平洋側のペルーの首都リマに入った。空港からタクシーで市内に向かう間、運転手と話した。彼の本業は証券マンで、妻は公務員だ。このときペルーの失業率は66%だった。3人に2人は仕事がないのだ。彼は共稼《ともかせ》ぎで昼も夜も働き詰めるが、それでも2人の子を抱えて生活がやっとだという。ならば仕事が見つからない人はどうするのかと質問すると、「簡単だ。首をくくるか、山に登ってゲリラになる」と、こともなげに言った。

運転手の言うとおり、この国ではアンデスの山岳地帯で極左《きょくさ》ゲリラが急速に勢力を伸ばしていた。日本大使館を訪れてペルーの状況を聞いたあと「それではゲリラの根拠地に行ってきます」と言って出ようとすると、大使館員があわてた。危ないから行かないでくれ、と私を引き留める。私の身を案じてくれるのかと思ったら、そうではなかった。取材中に現地で死んだら大使館員が遺体《いたい》を引き取りに行かなくてはならない。それが嫌なのだ。

命の危険など省みていたらジャーナリストはつとまらない。もちろん死んでしまったら報道することもできない。だからといって危険地に行くことをやめるのは本末転倒だ。人が逃げて行くところに入って行くのが記者の仕事だ。

アヤクチョという山奥のゲリラの根拠地がある町に飛ぶ飛行機の客は、私とＡＰ通信のアメリカ人記者と里帰りするおばあさんの３人だけだった。乗務員より少ない。到着した空港は戦車が砲身を外に向け、完全武装の兵士だらけだ。現地の状況を知ろうと、地元の新聞記者に会った。そこで知ったのはあまりにひどい現実だった。

ゲリラは山奥の村を襲《おそ》って住民を広場に集め、みせしめのため村長の一家を殺す。村人は恐れて服従する。数日後に政府軍がやって来るとゲリラは逃げる。こんどは政府軍が、ゲリラに協力した人を密告させる。名前が挙がった人を連行し村はずれで全員射殺する。そして記者は言った。「前から来る弾よりも、後ろから来る弾に気を付けろ」。ゲリラもひどいが、それ以上に政府軍が残虐《ざんぎゃく》行為をしている。公になるとまずいので政府軍は記者を殺すのだ。事実、当時のペルーで年間に数十人もの記者が取材中、「不慮《ふりょ》の事故のため」死んでいた。

山奥の村を取材したあと、政府軍の現地司令部に行き門の前で立ち止まった。ここで司令官に会って政府軍の言い分を聞かなければ取材したとは言えない。しかし、入ったら最後、生きて出られないかもしれない。しばし考え、思い切って入った。

司令官に会ってすぐ「先ほど日本大使館に電話して、この司令部を取材することを知らせた」と言った。こう言えば、私が死ねば軍司令部が疑われると相手は悟るだろう。取材したいが、死にたくない。そう迫られたときに取材をやめるのはジャーナリストを放棄することだ。生きのびる手立てを考えればいい。

〈スラムの虹〉

ペルーでは首都の郊外にあるスラムも取材した。住民が力を合わせて自立に成功しノーベル平和賞の候補になった。名をビジャ・エルサルバドルといい「救世主の町」という意味だ。日本大使館で若い大使館職員、小倉英敬《ひでたか》さんと話しているうちに意気投合し、いっしょに行った。

市内から車で20分走ると砂漠だ。南米の太平洋岸は鳥取砂丘を巨大にしたような砂漠が広がる。南極から流れる冷たいフンボルト海流のため大気が冷えて海水が蒸発しない。雲ができず雨が降らないから沿岸は砂漠になる。

砂漠の中に2メートル四方の粗末な小屋が密集していた。砂に4本の棒を立て四方にムシロをかけただけで天井も床もない。ここに30万人が暮らしていた。貧しいのに人々の表情が明るい。水道も電気も、首都よりスラムの方がはるかに普及していた。

スラムの役場でゴミ捨て場から拾った椅子《いす》に座っていたのが代表のアスクエタさんだ。大学生のときからここでボランティア活動をし、住民の投票で代表に選ばれた。彼の説明によると、農村で食い詰めて首都に流れ込んだ7000家族が、ここに集められた。それが膨らんで正式な自治体となった。国は何もしてくれない。発展の柱となったのは大学生とカトリック教会の神父だ。貧しい人々が力を合わせて自治体をつくった。

アスクエタさんが運転するジープでスラムを回った。「国は倒産しても、この地区は生き残れる」と彼は誇る。途中、車輪が何度も砂にはまって空転した。そのたびに小倉さんと私は砂まみれになって車を押した。

ブロックの小屋で少女の人生相談に乗っていたのはアイルランドから来たキルケ神父だ。「貧しい人々の救済のためには、貧しい人々の中に入ることが必要です」と話す。彼もまた「解放の神学」の実践者だった。

数年後に訪れるとコンクリート2階建ての市役所ができ、アスクエタさんは市長になっていた。自前のテレビ局も完成し、国連の平和メッセージ都市に指定された。アスクエタ市長は「自分だけもうけ他人を蹴落《けお》とす考えがはびこる中、私たちは利益をみんなが公平に分かち合う。だれもが自分の力を出し活動すれば世界は変わる」と語った。首都の人々が怖がって近寄らないスラムに、私は虹を見る思いがした。

〈靴磨き少年の笑顔〉

首都の空港で会ったのが靴磨《くつみが》きの少年だ。ルイスという名で12歳。「靴を磨かせてくれませんか」と声をかけてきたとき午前0時を回っていた。こんな深夜にこんな小さな子がなぜ働くのか。「授業で使うノートを買うため」という。私はカバンに腰をかけ彼と話し込んだ。

父親は幼稚園のスクールバスの運転手だ。ルイスは5人兄弟の3番目。長男は高校に通うが、次男以下は学費を自分で稼ぐ。働かないで済む長男がうらやましいだろうと思ったが、ルイスは「お兄ちゃんは僕に算数を教えてくれるんだよ」と兄に感謝する。その純真さに打たれた。私はそのままプラスチックの椅子で夜明かしした。ルイスは側のコンクリートの床に新聞紙を敷いて寝た。

翌朝、私は飛行機会社のカウンターで空席待ちの切符を確保しようと必死に交渉した。次の取材地に一刻も早く行かなければならない。そのため前夜から空港に来て夜を明かしたのだ。しかし、職員は「席がない」と首を横に振り、小声で「今日は暑いからビールが飲みたい」とささやいた。そばにいた人が「ワイロの要求だよ」と教えてくれる。パスポートに20ドルはさんで職員にわたすと、しばらくして私の名が呼ばれた。

切符を手に走る途中、ルイスに会った。「ノート代にしてくれ」とわずかなカネを渡そうとした。しかし、彼は「働いていないから」と受け取らない。私は「これを使ってくれ」と取材ノートを数冊、彼に渡した。ルイスはガラスの向こうからいつまでも手を振っていた。

飛行機に乗って驚いた。空席だらけだ。続いて乗ってきた乗客たちもあ然としている。みんなだまされてワイロを巻き上げられたのだ。ルイスの純真さを思うにつけ、職員のずるさに怒りがこみ上げた。

しかし、しばらくして思った。彼にも子どもがいるのだろう。今のひどい経済状況の中で家族を養うためには人をだましてでもカネを手に入れようとするのを責めるわけにいかない。彼が悪いのではなく、社会が彼を悪者にしたのだ。そう思うと職員への同情がわいた。

さらにしばらくして愕然《がくぜん》とした。このひどい社会が続くなら、ルイスもずるい大人になってしまう。そう思うと、人間の心を卑しくさせる社会の貧困さを憎まずにはいられなかった。私のペンは人間が人間らしく生きる社会をつくるためにある。何のために記事を書くかを強く意識した。

4. 独裁への崇高な抵抗

〈グローブのような肉〉

タンゴで知られる南米アルゼンチンに初めて行ったのは、債務《さいむ》問題の取材のためだ。この国の政府が日本から借金して返せない。焦《こ》げ付けば日本の銀行が倒産しかねない。

ブエノスアイレスは「南米のパリ」と呼ばれた大都会だ。パリのオペラ座のような大劇場がある。本屋が多いのは知的な国民性を表わすが、紳士服の店がやたら目立つ。男が見栄《みえ》を張る国だ。日本の商社の駐在員夫人は「夕食の買い物に行くにもネックレスをつけなくてはならない」とぼやいた。やたら形式や見栄えを重んじる風土なのだ。そういえばこの国の名物タンゴも形式美そのものだ。

政府の担当官に会って債務問題をどうするのか問うと、「私は日本のために解決を目指している」と威張《いば》る。返済の見通しを聞くと「無いものは無い」とにべもない。返済に責任を持つ自覚がない。アルゼンチン側と返済の交渉をした日本の官僚も「謝罪の言葉一つ言わない。どういう神経だろう?」と不思議がる。私も同じ意見だった。最初のうちは……。

昼食をとろうと名物の牛肉を食べに行った。ラプラタ川沿いに肉のレストランが並ぶ。1軒に入ると、広い店内は満席だ。私のそばにおじいさんが座っている。そこにボーイが運んできた皿を見て、私は目を丸くした。皿の上に野球のグローブが乗っていると見えたからだ。

もちろんグローブでなくてステーキである。私がまじまじ見つめていると、おじいさんが私に言った。「昔は良かった。皿から肉がはみ出ていた。今はこんなに小さくなって……」

やがて私にも同じステーキが運ばれてきた。長さ20センチ、幅10センチで厚さは5センチある。当時の日本でステーキと言えば厚さ5ミリが普通だった。目の前の肉は500グラム以上ある。食べきれるわけがないと思いながらナイフを手に取るとズッシリ重い。銀の食器だ。そういえばアルゼンチンは「銀の」、ラプラタ川はスペイン語で「銀の川」という意味である。街のレストランでさえ銀の食器を使っている。

ステーキの上にナイフを置くとナイフの重みで肉が切れた。肉片を口に入れると舌の上でトローッととける。あまりの美味《おい》しさに頭がボーっとする。夢中で食べるうちに、あっという間に平らげていた。これに赤ワインのボトル、山盛りのサラダ、食後にはクリスマスケーキのような大きなケーキとコーヒーがついて1500円だった。

この国では人口よりも牛の数が多い。肥沃《ひよく》な草原だから放っておいても牛が育つ。だから牛肉が安い。それにしても……と思った。こんな肉を昼間からみんなで食べるのなら、カネを返せ。カネがないのなら肉で返せ！

取材を重ねるにつれて、それは現地の事情を知らない浅はかな発想だと気付いた。この国にはこの国なりの言い分がある。まず、先進国がカネを貸す金利が高すぎる。すでに債務額の半分を返したのに金利分の支払いにしかならず、元金はまったく減らない。それに借りたくて借りたのではなく、カネを借りてくれと先進国側から押し付けられた。借りた当時は軍事政権で、借りたカネは市民を弾圧するための武器の支払いに使われた。それを弾圧された側の市民の政府が払えなんておかしいではないかと言う。もっともだ。

日本がアルゼンチンにカネを貸したのは、国内でカネが余ったからだ。日本の銀行は国内の中小企業に貸したがらない。どこかに貸して稼がないといけないから中南米に目をつけた。その結果、カネが返ってこない。これは日本の預金者から見ても不合理だ。懸命《けんめい》に働いて貯蓄《ちょちく》したカネがドブに捨てられたも同然である。このためさらに懸命に働くことを強いられる。日本の一般市民にとっても、いい迷惑ではないか。

〈五月広場の母たち〉

そんなことを考えながら街を歩くと、大統領官邸《かんてい》の前の「五月広場」に出た。スカーフを頭に巻き首から写真を下げた女性たちが50人ほど、直径15メートルほどの円を描いて無言のデモをしていた。市民団体「五月広場の母たち」の人々だ。

この国では1970年代から80年代にかけて軍が政権を握った。そのさい軍や警察は民主主義を求める市民を逮捕し、拷問《ごうもん》し、虐殺《ぎゃくさつ》した。睡眠薬で眠らされたまま飛行機に乗せられ上空から川に突き落とされた人たちもいる。殺された市民の数は氏名がわかっているだけで8961人、実際には3万人にのぼると言われる。

夫や息子を連れ去られた女性たちは行方を求めて警察や軍を訪ねたが門前払いされた。彼女らはあきらめず市民団体を組織して社会に訴え続けた。この非道な事実を訴えようと1977年4月30日の木曜日、14人の母親が「五月広場」で30分の無言のデモ行進をした。白いスカーフには青い糸で行方不明になった人々の名を刺《し》繍《しゅう》し、息子や夫の顔写真を首から下げて。以来、雨の日も風の日も、毎週木曜の午後に一度も途切れることなくデモ行進をしてきた。

「五月広場の母たち」の事務所を訪ねると、壁に行方不明者の顔写真が貼《は》ってあった。ざっと数えても1000人以上だ。その中に日系人がいた。沖縄出身の比嘉《ひが》さんは新聞記者だった弟が連行されたまま帰ってこない。比嘉さんは「弟が生きていると信じたいが、もう希望は捨てた。軍政はいかなる面をもってしても許されない。人間のすべてを奪うから」と言った。そして「不法に連行された弟も日本人です。なのに日本政府は何もしてくれない」と憤る。

　同じく弟を軍人に連れ去られた沖縄出身の大城さんといっしょに日本大使館を訪れた。書記官は「内政干渉に当たるから何もできな

スカーフをかぶって大統領官邸の前の広場を黙々と歩く「五月広場の母たち」
（1987年、ブエノスアイレスで）

い」と繰り返すだけだ。でも、北朝鮮の拉致《らち》問題には国を挙げて強く抗議しているではないか。なぜアルゼンチンの政府には何も言わないのか、納得できる説明はない。一方でドイツやスイスの政府は自国民の行方不明者についてアルゼンチン政府に厳しく調査を求めている。日本国民の保護こそ日本政府、在外の大使館がすべき仕事ではないか。

移民で他の国に行き弾圧された、最も弱い立場に置かれたこうした人々に寄り添って発言し筆をふるうのがジャーナリストの仕事だ。

連行された人々がどうなったか。国際人権団体アムネスティ・インターナショナルの努力で釈放されたフアン・カルロス・ロドリゲスさんに会った。工場の労組の代表だった彼は秘密警察に逮捕され収容所で拷問された。ビニール袋を頭にかぶせられて窒息《ちっそく》、さらに手術台に寝かされて電気ショックを受けた。

驚くのは、こうした拷問のやり方を教えたのがアメリカ軍であることだ。アムネスティ・インターナショナルが糾弾する米軍アメリカ学校である。かつてパナマの米軍基地にあり、アメリカに移って名前が西半球治安協力研究所と変わったが、今もある。

米軍はここに中南米のエリート軍人を集めて反政府派を弾圧する方法を教えた。情報機関の組織づくり、クーデターの起こし方、拷問や暗殺の仕方などだ。学校の経費はアメリカの国防費から出る。ベトナム戦争のさいに解放戦線のゲリラに対して行った拷問のビデオを流しながら、アメリカ人の医者が人間の神経系統の図を示し、身体のどこをどう責めれば効果的だと解説した。

アメリカは民主主義の見本のように言われるが、外国にクーデターや拷問を輸出してきたのだ。

中南米側はこの学校を「米軍クーデター学校」や「米軍虐殺学校」と呼ぶ。アルゼンチンの軍事独裁を率いた大統領も卒業生だ。

こうしたことは日本でほとんど知られていない。知られていないことを掘り起こして知らせることがジャーナリストの役割である。

〈軍政下の反政府集会〉

このころ南米の政治の潮流は「民主化」だった。独裁政権が次々に倒れて民主的な政権が生まれた。社会を変えたのは市民の力だ。その見本をチリで見た。

チリでは選挙で社会主義政権が生まれた3年後の1973年、軍部がクーデターを起こして軍事独裁政権となった。独裁者となったピノチェト将軍は民主主義を求める人々を虐殺した。犠牲者の数はいまだに明らかでないが、クーデター直後で3000人にのぼると言われた。殺さないまでも砂漠や南極に近い無人島につくった収容所で「病死」させた。難を避けようと国外に亡命した人は120万人にのぼる。

独裁政権の下で新聞や放送に報道の自由はない。政府の批判は活字や電波から消え、人々は息をひそめた。しかし、独裁の開始から10年が過ぎると、民主主義を求める動きが出た。首都の中心部の広場で反政府集会が開かれると言う。軍政の下で反政府集会なんて何かの間違いではないかと思った。でも、とりあえず行ってみた。

首都の空港に着くと通関の職員は軍人だ。職業を聞かれて新聞記者だというと別室に連れて行かれた。だれに会うのか、入国の目的は何かなど尋問《じんもん》された。チリの軍人には表情がない。ロボットのような無表情のまま質問を繰り出す。1時間ほどあれこれ聞かれ記者登録証を書かされたあと、ようやく解放された。

翌日、広場に行ったのは集会が始まる30分前だ。がらんとしていた。周辺のベンチに老夫婦が休み、カップルがいちゃついている。やはり反政府集会なんてガセネタ（ウソの情報）だと思った。そこに記者が集まってきた。ボリビアの女性記者、オーストラリアのテレビクルーもいる。計10人ほどで、日本人は私だけだ。

広場に面した大聖堂の鐘《かね》が正午を告げた瞬間、風景が一変した。ベンチで新聞を読んでいたおじいさんが立ち上がって新聞を投げ捨て「民主主義、万歳《ばんざい》！」と叫んだ。ハトに豆をやっていたおばあさんはハンドバックから紙ふぶきを取り出してまいた。カップルも立ち上がって「軍政打倒！」と叫んだ。あっというまに300人が集まった。

上空でバタバタ音がする。軍のヘリコプターだ。放水車が現れ、最初に水をかけられたのは私たち報道陣だ。猛烈な勢いの水を浴び、私はずぶぬれになって石畳《いしだたみ》を転げまわった。首から下げていたカメラが石畳に当たってへこんだ。水には催涙《さいるい》ガスが含まれている。目が痛くて開かない。当時、チリの催涙ガスは世界で最も催奇性《さいきせい》がひどく、妊婦が吸い込むと奇形児が生まれると言われた。

ようやく開いた目に見えたのは銃を水平に構えて突入する警察軍だ。チリでは警察も軍隊の一部である。広場の四隅《よすみ》から20人ずつなだれこんだ警官が、こん棒で市民の頭を殴《なぐ》った。あたりは血だらけである。無抵抗な市民にここまでひどい扱いができるかと思う暴行が目の前にある。

私はそれを見ながら感動していた。先ほどのおじいさんもおばあさんも殴られ逮捕されることを覚悟でここに来たのだ。身体を張って軍政に抗議する精神の強さを彼らは持っている。

そこでチリの記者から聞いた。私たち外国の記者がこの場にいなかったら、警察軍は市民に発砲していたという。記者が現場にいると権力の横暴を防ぐ役割を果たすのだ。それ以来、私はいっそう現場を踏むよう心がけた。

〈獄中のタイプライター〉

反政府運動が激しくなると、軍事政権は戒厳令《かいげんれい》を発動した。街に戦車が出動し完全武装の兵士が自動小銃を構えて交差点に立つ。ものものしい光景の中、雑誌の売店を見て目を疑った。反政府デモの写真を載せた雑誌が堂々と売られている。住所を頼りに編集部を訪ねた。郊外の一軒家で看板もない。

ブザーを押すと中年の女性が出てきた。編集長に会いたいと言うと、「編集長は逮捕されて獄中にいます」と言う。彼女は副編集長だった。中に入れてもらって話を聞いた。「検閲下《けんえつか》でなぜ反政府雑誌が出せるのですか?」と問うと、彼女は「わが国は民主主義共和国だと憲法に書いてあります。民主主義なら出版の自由があるはずと法廷闘争した。負けても、負けても訴え、国際社会にも訴えた。ついに軍政から許可を勝ち取りました」と語る。この憲法はクーデターのあと軍事政権が作ったが、いまどき軍事政権も民主主義だと名乗らざるを得ない。そこを衝《つ》いたのだ。

「そんなことをして大丈夫ですか?」と聞くと、「大丈夫じゃないから編集長が拘束《こうそく》されたのです」

と言う。思い出したのが獄死した小林多喜二だ。「軍国時代の日本では、逮捕された市民が牢屋《ろうや》で殺されました。編集長はどうしていますか？」と問うと、彼女は「編集長はタイプライターを差し入れさせて、獄中で記事を書いています」と言う。心底驚いた。なぜそうできるのか質問すると、彼女は「憲法に民主主義と彫ってある。ならば差し入れの権利がある。それを使うのです」と。

私はこのとき、〈憲法を使う〉という発想を初めて知った。日本では憲法を持っているだけで、一般の国民が憲法を使うという発想がない。使ってこそ憲法は役に立つことを教わった。

編集部を去る間際、私はネクタイピンを数個取り出した。「CALAMVS FORTIOR GLADIO（ペンは剣より強し）」とラテン語で彫ってある。日本の新聞労連が作ったものだ。連帯の気持ちを込めてプレゼントしたのだが、恥ずかしくなった。チリの記者の方が日本の記者よりもよほど真剣に闘っている。いったん贈ったあと、お願いしてその一つをもらった。何かあったときは彼らを思い出そうと、以後35年以上ずっとネクタイにつけている。

◇

出張の95％は自分の意思で決めた。残りの5％は東京の本社からの要請だ。取材したいことが決まり飛行機のチケットをとってホテルを予約すると、東京に電話する。「伊藤は○日、運河取材のためパナマに入ります。宿は○○ホテル」と述べ、あとは「カネオクレ」と一番肝心なことを付け加える。

服装はジーンズとポロシャツだ。右手に資料が入ったアタッシェケース、左手には急な大統領会見に備えてスーツ一着と着替え、原稿用紙の束、国語辞典、消毒液などが入った小さな旅行バッグ、肩からはパスポートとメモ帳、ニコンの一眼レフと望遠レンズが入ったカメラ・バッグを下げた。身軽が一番なので最低限の軽装だ。

日ごろ各国別やテーマ別に日本語、英語、スペイン語、ポルトガル語の新聞12紙の切り抜きをしていた。当面の取材に役立つものを選んで、行きの飛行機で読む。帰りの飛行機でまとめの原稿を書いた。現地で集めた資料は帰国までに整理した。帰国してゆっくりやろうと思うと、結局はしないものだ。

モアイ像で名高い太平洋の孤島、チリ領のイースター島にも行った。小学生のとき読みふけった『世界の不思議』という本の表紙がモアイの写真で、いつか本物を見たいと思った。アメリカがこの島にスペースシャトルの基地をつくろうとしたのを機に、現地に飛んだ。チリの首都から飛行機で5時間。モアイの実物が目の前にある。

ところが島の考古学者に会って聞くと、モアイの謎《なぞ》の大半はすでに解明されていた。とたんにつまらなくなった。それと対照的に、現地を踏んでもなお圧倒されたのがペルーの空中都市マチュピチュと、砂漠に巨大な線画が描かれたナスカの地上絵だ。今の謎が解明されても、新たな謎が生まれるだろう。

家族はどうしていたのかと聞かれるが……妻は私が出張中に幼い子ども3人を連れてアマゾン川に行き、ピラニアがいる川で泳いでピラニアを釣《つ》って食べた。そう、特派員の条件は豪胆《ごうたん》な伴侶《はんりょ》を持つことかもしれない。

第2章

激動の世界へ

―アジア、ヨーロッパ

週刊誌『AERA』が創刊されると韓国の各地をまわって民主化の生々しい現場を見た。超大国アメリカに勝てた理由を探ってベトナムを縦断し、ベルリンの壁が崩壊すると革命さなかのチェコへ。さらに革命が勃発したばかりのルーマニアに突入し市街戦に遭遇《そうぐう》した。

ルーマニア革命で首都中心部に出動した革命派の戦車
（1989年、ルーマニアの首都ブカレストで）

1．『AERA』創刊

〈初めて本を書く〉

中南米特派員を終えて帰国し、社会部に配属された。東京の都内版の記事を書く仕事だ。激動の世界から、のんびりした東京の下町へ。取材対象はがらりと変わったが、それはそれなりに面白い。ちょうどいい休養になると思ったが、中南米について講演してほしいという声がかかった。通産省（現・経産省）のような官庁もあれば市民団体もある。チリの民主化とニカラグアの内戦について知りたがる声がとくに多い。独裁下のチリで市民が人権のために闘う姿を語ると、とりわけ共感を呼んだ。

こうした声を受け、中南米の特派員報告を岩波新書として出すことになった。本を書くなど大それたことだと思ったが、書かなければならないという思いがこみ上げた。新聞の記事は断片的でしかない。悲惨《ひさん》な大地で必死に生きている人々の思いは、本というまとまった形に書いてこそきちんと伝わる。ならば書こうと決心した。激動する時代だったことを思うと『燃える中南米』という題名がすぐに浮かんだ。

内容はそんなに考えるまでもない。焦点となっていた中米の内戦、民主化の動きが中心だ。チリと「解放の神学」はそれぞれ1章にして、最後は文化や風土でまとめようと思った。全5章の案を出すと岩波新書の編集者は経済も1章入れてほしいと言う。こうした指摘が、さすが編集者だ。本は著者だけで作るものではない。編集者との共同作業でより良いものになる。これで6章の章立てができた。章ごとに6~8つの項目をあげると、あとは書くだけだ。

畳《たたみ》に正座し、机に置いた400字詰めの原稿用紙に向かって万年筆で書き始めた。最初にニカラグアの少年兵を思い出すと、少年兵が私にのりうつった気がした。書き出しで迷うこともなく、ひとりでに猛然と筆が動き始めた。私が書いているのでなく少年兵が私の手を借りて書いているようだった。難民の女性を思い出すと彼女が私の手をとって勝手に書いているような、不思議な感覚だ。

「わが大地のうた」という歌がある。フォークシンガーの笠木透氏の作詞で「私が歌う歌ではない。あなたが歌う歌でもない」と歌う。まさにそのような心境だった。私が書いたというより中南米で出会った人々が私の脳に入り、私の手をとって書いたのがこの本だ。私の本ではなく中南米の人々の叫びが、この1冊に込められている。正座してペンを走らせる私の後姿を見た妻は「オーラが出て、怖くて声をかけられなかった」と言った。原稿は3か月で書き上がった。手書きの原稿を妻がワープロで活字にしてくれた。

初めて書いたこの本は記録作家の上野英信さんと晴子さん夫妻に捧《ささ》げた。駆け出し記者の時代に筑豊の上野さんの家に出入りした私に、ジャーナリストの在り方を教えてくれたのが上野さんだった。『燃える中南米』は11刷を重ね、7万6千部を超した。

同じ時期に「すずさわ書店」から、特派員時代に週刊誌『朝日ジャーナル』に1年間連載した中南米のエッセイをまとめて本にすることになった。連載記事だけでは分量が足りないので、新たに書き加えなければならない。がぜん忙しくなった。

こちらは『太陽の汗、月の涙』というハードカバーの本になった。「太陽の汗」は黄金、「月の涙」は銀を指す。南米ペルーに栄えたインカ帝国の言葉だ。太陽が暑いので汗を流し地表に落ちて固まって金になった。月が夜、暗い中で寂しいので涙を流し地球に落ちて銀となった……という詩的で美しい表現だ。金も銀も富の象徴《しょうちょう》である。昼間は汗を流して働き、夜は物思いにふける人間的な生活をして初めて本当の豊かさは得られるのだと、この言葉が教えているように私には思えた。

〈『AERA』創刊〉

社会部に戻ってまだ半年にもならないのに、部長から「『AERA』(アエラ)に行ってほしい」と言われた。朝日新聞が新しく出すニュース専門の週刊誌だ。朝日新聞のAと、ラテン語で時代を指すERAを組み合わせた命名である。その編集部員になれというのだ。

そのころアメリカのニュース週刊誌『タイム』や『ニューズ・ウィーク』が全盛時代だった。写真をふんだんに使って世界のニュースを詳しく解説していた。元アメリカ特派員だった宮崎勝治氏が『AERA』のデスクに任命されていた。「日本の『ニューズ・ウィーク』を作るのですか?」と聞くと、「違う。日本の『タイム』を目指す」と言う。『ニューズ・ウィーク』はニュースに多くの紙面を割いて読みやすいが、『タイム』は論評や解説に優れて文学的な表現も多い。読みにくいが格調は高い。アメリカでは『タイム』の論調がメディア界の良識とされていた。そのような雑誌を日本に作ろうと言うのだ。

社内の各部から集められた編集部員が初めて顔を合わせた。窓もない地下の会議室である。

1988年2月1日だ。社会部のほか政治部、経済部、学芸部（現在の文化部）のベテラン記者や地方の支局から直接指名された若手の女性記者もいる。総勢36人、うち記者が25人。

編集幹部を代表して宮崎デスクが言った。「新聞は現代史の最初のラフスケッチだ。週末にその1週間に光を当て、今週起きたのはこういうことだと示すのが週刊誌だ。世論形成にもつながる。平明な文体だが内容は硬派《こうは》で、事件の背景も意味合いも正攻法で描いてほしい」。経済部出身の富岡隆夫編集長は一言、「リベラルで行こう」と言った。「好きにやれ」ということだ。その言葉を聞いて奮い立った。

どんな雑誌をつくるかは、作りながら考えようと編集長は言う。ひとまず見本として「00号」をつくることになった。週刊誌には巻頭を飾る長編のカバー・ストーリーが必要だ。それは3週間後に予定されていた韓国の民主化を取り上げるという。「ついては伊藤君、韓国に取材に行ってくれ」とこともなげに言う。私は韓国に行ったことがないし、ニュースの記事を雑誌に書いたこともない。何をどう書いていいのかわからない。しかし、何とかするしかないと思ったし、何とかなるだろうとも思った。

〈新聞と週刊誌の違い〉

発刊は3か月後の5月と決まった。動き出すと忙しくなる。事前に原稿を貯めておきたいと思った編集長は、みんなに「とりあえず、全員、海外取材に出てくれ」と言う。どこで何を取材するかは自分で決めるように、とも言う。かなり無茶だが、このくらいの勢いでないと新しいメディアなど発刊できない。それに応えようという意気込みを部員たちは持っていた。

どこで何を取材するかの討論が始まった。編集長が国際経済の専門家だけにメキシコの債務問題が気になるようだ。私は韓国取材のあと、すぐにメキシコに飛ぶことになった。これは、中南米特派員並みの忙しさになるかもしれないと覚悟した。望むところだ。

それにしても、週刊誌の原稿って、何をどう書けばいいのだろう。新聞と週刊誌の記事の違いは、まず長さだ。新聞はできるだけ短く書くことが要求される。「10聞いて1を書け」と言われるほど、たくさん取材して得た材料からエッセンスをくみ取り、それを凝縮《ぎょうしゅく》して書く。

一方、週刊誌の記事は長い。最後まで読んでもらうためには工夫が必要だ。新聞記事のように話題をストレートに取り上げるのではなく別の角度から見る、あるいは事件の背景を洗うなど、考えなければならない。そのくらいはすぐにわかった。しかし、具体的に何を取材してどんな書き方をすればいいか、編集部員は頭をかかえた。

そこで始まったのが議論だ。最初の編集会議の夜から毎晩、討論をした。社の食堂で夜食を食べながら議論し、編集部に戻って缶ビールを片手に飲みながら激論を交わした。気がつくと午前4時になっているのはざらだ。討論からさまざまな記事のアイデアが生まれた。

畑違いの部員が集まって議論するのは面白い。それぞれが専門の知識を持っているから、話しながら世界が読み解けていく。それまでおぼろげに理解していたことを明確に解説してくれる人が周囲にいる。会うこともなかった軍事や宗教の専門家もいる。まわりが百科事典のようだ。違う発想をする人が身近にいると思考が発展する。編集部はさながらシンクタンクのようだった。

2. 民主化の韓国

〈盧泰愚の通知表〉

取材準備の2週間はあっという間にたち、韓国に出発した。

長い軍事政権の時代、韓国の軍部は市民をあからさまに弾圧した。南部の光州市では軍が市民を虐殺する光州事件が起きた。政府はマスコミを統制して事件を隠した。しかし、市民の粘り強い努力でようやく民主化し、選挙が行われて新しい大統領が選ばれた。新時代の到来である。とはいえ大統領に就任するのは軍人だった盧泰愚《ノテウ》だ。

現地入りして原稿を出すまでの期間は2週間だ。書く記事の分量はざっと5500字ほど。新聞記事で最も長かった特派員報告の倍近い。かなりの綿密な取材をしなければこれだけの長さの記事は書けない。しかも、書き方がつまらなければ読者は最後まで読んでくれない。『AERA』として見られる最初の記事だけに、見本となるようなものを書かなければならない。

そこに何を書くか。まずは盧泰愚の人柄だ。新聞にはそれが描かれていなかった。というより記事が短いので新聞を読むだけではわからないのだ。ならば、まずは盧泰愚という人間について徹底的に取材して書き込もうと思った。そして韓国の政治や社会の背景を、韓国について何も知らない人にもわかりやすく知らせることだ。

新聞の国際記事や経済記事などの場合、記者は読者が事情を知っていることを前提に書く。週刊誌は違う。初めての人にも理解できるよう基本から書き起こす必要がある。民主化運動をしてきた市民が新政権をどう見ているか、も知らせなければならない。やるべきことはいくつも頭に浮かんだ。

宮崎デスクは「盧泰愚の小学校時代の通知表を見てこい」と言う。無理な注文だ。当時の権威主義的な韓国で、大統領の秘密のような個人情報を学校側が外国の記者に見せるはずがない。そもそも韓国でさえ彼の通知表は公表されていなかった。

〈腕章をはずせ〉

現地で2週間、文字通り取材に駆け回った。盧泰愚の出身地の村に行くと、おじいさんが柴刈りし、おばあさんが川で洗濯をしている。「昔話の村から出てきた大統領」という見出しが浮かんだ。地元から大統領が出るので住民は喜んでいる。盧泰愚の生家を訪れ、幼友達を探して彼の人柄を聞いた。7歳のとき父を交通事故で亡くし、飢えと貧しさの中、片道1時間半かかる小学校に皆勤した頑張り屋だと知った。新聞で見るのは強面《こわもて》の軍人の側面ばかりだが、生い立ちを聞くと別の側面が見える。これを書けばいい。

小学校を訪れて校長に会い「通知表を見せてほしい」と言うと案の定《じょう》、「とんでもない」と断られた。ここは粘るしかない。「表紙を写真に撮るだけでも」と言うと、現物を出してくれた。「優秀な成績の課目だけでも教えてほしい」などあれこれ言ううちに、最後はすべて見せてくれた。さらに通知表を書いた担任を探して、教師から見た盧泰愚像を聞いた。

軍が市民を虐殺した光州市に行くと、盧泰愚の評価は真反対だった。「人殺し、民族の敵」「この世に生きる資格がない」など、さんざんな言われようである。取材中、いきなり市民のデモが起きて催涙ガスに包まれた。デモに参加する市民に日本の記者だと名乗ると、敵意を込めた目でにらむ。日本に敵意を持つのでなく、記者を信用しないのだ。記者の腕章をしていると通訳の大学生が「腕章をはずしてくれ」と言う。当時の韓国のマスコミは軍事政権の言うなりで、市民は記者を権力側と見ていた。記者とわかれば暴行されるかもしれないから腕章をはずすように、という忠告だ。

反政府運動の拠点だった大学に行くと、学生の決起を訴える壁新聞が掲示板に貼ってある。「盧泰愚の就任式を盧泰愚の葬式に変えよ。虐殺者盧泰愚に歓迎の花束でなく呪《のろ》いの火柱を」と激烈な言葉が書いてある。ひそかに出していた反政府雑誌の編集部を訪ね、韓国の「解放の神学」に当たる「民衆の神学」の牧師、作家、民衆文化運動の旗手ら、思いつくまま会って話を聞いた。だれもが盧泰愚を非難する。同じ韓国の北と南で、すさまじい政治の地域差がある。

〈何しに来た！ 帰れ！〉

首都に戻った。軍政時代に民主化を訴えて新聞社を解雇された記者が集まって『ハンギョレ』という新しい新聞を創刊する、と耳にした。そのパンフレットを読むと「自由言論の闘いで解雇、投獄された記者たちはこの十余年、受難の中でも言論の自由と独立のため、その意志を貫いてきた。われわれは断じて圧力に屈せず、国民の意志を代弁する方針をけっして放棄しない」と書いてある。凄《すさ》まじいまでのジャーナリスト魂だ。

社屋を訪ねた。倉庫だった建物に机や椅子が運び込まれ、ごった返している。まさに新しい新聞社が立ち上がるところだ。「社長に話をうかがいたい」と言うと、社員の指さす先にはスチールの事務机に向かって原稿を書いている白髪《はくはつ》の人がいた。社長の宋建鎬《ソンゴンホ》氏だ。元東亜日報紙の編集局長である。

このときの記憶は鮮烈だ。「日本の朝日新聞の記者ですが、お話をうかがわせていただけませんか」と話しかけたとたん、大声で怒鳴《どな》られた。「朝日新聞が今ごろ、何しに来た！帰れ！」

驚くと同時に、なぜ怒鳴られるのか、説明を求めた。宋氏は言った。「あの厳しい軍政時代、韓国の新聞も放送も真実を語れないとき、私たちは自分たちの社会がどうなっているのか、何一つわからなかった。闇を照らす唯一の光、それが朝日新聞だった。数日遅れで日本から送られてくる朝日新聞を、私たちはなめるように読んだ。朝日新聞を読んで初めて、韓国で何が起きているかを知ることができた。それがあったからこそ、苦しい軍政の下でも未来への確信を持ちながら民主化の運動を続けることができた。今日、軍政を終わらせ民主化の時代に変えることができたのは、あの時代に朝日新聞があったからだ」

宋氏は一気に言ったあと、私をにらみつけて、こう続けた。「そのころの韓国の記事を書いた特派員を朝日新聞は冷遇した。彼のあとに赴任《ふにん》した特派員は、民衆を取材せず政権側の言うことばかり書いている。なんだ、今の朝日は！　そんな朝日に話すことはない。帰れ！」

このとき私は感動のあまり立ち尽くした。うれしかったからだ。日本の新聞は今や精彩を欠き、政府を見張るべきジャーナリズムの役割を果たしていないと批判される。しかし、歴史上、輝いていた時代があったのだ。国境を越えて韓国の人々の心を支え、社会を変革する役に立った歴史があるのだ。目の前に、その生き証人がいる。

宋氏が言う「そのころの特派員」とは、当時の朝日新聞ソウル支局長だった猪狩章《いかりあきら》氏である。1969年から4年間、軍事独裁下の韓国を取材し、抑圧される人々の立場に立って報道した。新聞だけでなく著作も多く、軍政下の韓国の市民の姿を日本に知らせた尊敬すべき記者だ。

にらみつける宋氏に、私は大声で反論した。「ふざけてはいけません。公正で公平な社会のために尽くしている記者は、彼だけではない。当時だけでもない。私がここに来たのも、韓国の実情を知り、あなた方の活動を日本に伝えたいためです」

宋氏の表情はみるみる緩んだ。忙しい中、2時間以上の時間をさいて、ハンギョレ新聞について話してくれた。「資金は国民から集める。権力や企業から独立し公正な報道を新聞の命と考える。民主言論、民族言論の柱となる」。そう語ったあと「私や記者たちが刑務所に連行されるのも覚悟の上だ」ときっぱり述べた。軍事政権の下でも抵抗した芯《しん》の強い人たちだ。民主化後はその通り突き進むだろうと思った。

〈自由の苗木の肥やし〉

新聞だけではない。首都ソウルは民主化の未来に向けて突進していた。

書店の店頭には「解禁図書コーナー」が特設され、発禁処分を解かれた本が山をなす。壁に貼られた解禁図書の一覧表には、500冊を超える本の名が並んでいた。光州事件の記録もあった。よくこんなに一度に出版されるものだと、あきれるぐらいの多さである。

週刊誌、月刊誌は、毎日10件近くの割で申請が出るほど創刊ラッシュとなった。光州事件の直後に発行禁止となっていた雑誌『月刊中央』は8年ぶりに復刊した。復刊第1号は光州事件の生々しい写真をグラビアで特集した。巻頭の復刊の辞で「民主主義は他人から与えられるものではなく、自ら闘い取らなければならない。民主主義の基礎である言論の自由も、他力でなく自ら擁護して勝ちとるものである。われわれは今後、自由の苗木が必ずや樹木に成長するよう、犠牲の肥やしとなることを読者に誓う」とうたった。圧制を脱した言論人の意気込みがひしひしと伝わる。

さて、取材期限2週間のうちに記事を書き上げなければならない。当時のメモ帳を見ると、詳しく話を聴いた人だけでも13人いる。帰国する前日も長いインタビューをしている。そのあとの数時間で5500字の記事を書き、日本に送った。編集部に帰ると「1行に一つのニュースがある」と喜ばれた。記事は『AERA』「00」号の巻頭5ページを飾った。

それでも取材した全容を載せきれなかった。とくにハンギョレ新聞の社長や非合法の雑誌『マル』の代表、韓国の文学界の旗手だった作家、文化運動の先頭にいた演劇人、そして宗教面で民主化運動を先導していた牧師のインタビューを紹介できないのは、取材相手に申し訳ない。

私は新書の刊行で親しくなった岩波書店を訪ねて、岩波書店が出している月刊雑誌『世界』への掲載を申し入れた。「韓国第六共和制と民の声」のタイトルで9ページにわたり計11000字が掲載された。『AERA』に書いた記事の倍の分量である。これで取材に応じてくれた人々の熱意にひとまずはこたえることができたと思った。

3．ベトナム縦断

〈ゴルゴ13〉

『ＡＥＲＡ』は順調にスタートした。毎週月曜日の編集会議では、全部員が対等に活発な議論をくりひろげた。こんなテーマはどうか、とだれかが提案すると、賛成と反対の意見が飛び交う。ベテランも新米も遠慮なく思うままを主張する。提案が採用されれば、すぐに取材に出る。こうして毎週の企画が決まった。

話題となったのが劇画とフィクションで現代世界を伝える「ＡＥＲＡ１３　明解現代講座」だ。とっつきにくい国際問題をわかりやすく解説しようと、穴吹史士デスクと私が考えて生まれた企画だ。劇画の『ゴルゴ１３《サーティーン》』の主人公と顔が似た亜江良十三《あえらじゅうぞう》特派員が海外に出かけて取材するという筋立てだ。文章は記者が書き、それに沿った劇画を『ゴルゴ１３』の作者さいとう・たかを氏に描いてもらう。タイトルの下に掲げた記者証は、私が中南米で使っていたものをモデルにした。

ひな形を最初にいくつか書いた。パナマ運河、ニューカレドニア、チベットなど。原稿ができると関連の写真とともにさいとう・プロダクションに持参した。

目玉のカバー・ストーリーでは「民主化の韓国」を皮切りに「借金強国メキシコ」、フィリピンで「軍服を着たアキノ政権」、イギリスとフランスで働く外国人労働者を描いた「植民地、半世紀後の反撃」、マレーシアやフィリピンの密林に入って「悲しき熱帯雨林」などを書いた。東南アジアの森が消える熱帯雨林の伐採問題には、現地取材に20日をかけた。

その帰国の翌月に提案したのがベトナム取材だ。小さなベトナムが世界一強い米軍になぜ勝てたのかを知りたい。北の中国国境から南のカンボジア国境までベトナムを2週間かけて車で縦断して答えを探りたいと提案すると、すぐに採用された。

〈国境の地雷〉

東京のベトナム大使館で現地の事情を聞いた。通訳と車と運転手がセットで1日1万円だという。数日かけて取材計画を立てた。首都ハノイで政治家やジャーナリストらに会い、中国国境に行ったあとは南下して中部のフエ、米軍基地のあったダナン、米軍が村人を虐殺した村から枯葉剤の被害地やゲリラの根拠地など訪ねてホーチミン市に入り、最後にカンボジア国境に行く。土産《みやげ》には

ベトナムの中国国境の道に引かれた2本の白線の間を歩く筆者
（1989年、北部のドンダンで）

英国製の煙草「スリーファイブ」が喜ばれることも頭に入れた。

ベトナム北部の中国との国境。ここはその10年前に中国軍がベトナムに侵攻した地だ。細い山道に白い線が1・5メートルの間隔で2本、レールのように引かれていた。中国軍は引き揚げるとき、この道に地雷を埋めた。白線の間は地雷を除いたが外側には地雷が残る。山向こうには中国軍12万人、ベトナム側にも同じ兵力が対峙《たいじ》している。今も最前線なのだ。

行けるだけ行ってみようと白線の間を歩いた。へこんだヘルメットなど地雷が爆発した残骸《ざんがい》が散らばっている。ときおり線から出そうになり冷や汗をかく。国境の鉄条網まであと200メートルの地点で、付き添いのベトナム軍兵士が「これ以上行くと狙撃《そげき》される」と言った。実際、日本の記者が狙撃されて死んだことがある。引き返す途中に崖《がけ》を見上げると、細い道を数十人が登っている。兵士は「密輸商人です」という。あとを追って崖を登った。

崖の上に市場があり、中国とベトナムの両側から来た数十人が中国の家電製品とベトナムの米など取引していた。国は戦争状態でも国民は貿易をする。元締め役の40歳のベトナム女性は、1か月前まで中学校の数学教師だった。こうしたことは現場に来て初めて知ることができる。新聞の特派員にここまで来る余裕はない。時間をかけて現場を踏んで初めてわかる事実を書く。これこそ週刊誌でカバーする分野だ。

〈虐殺の生き残り〉

米軍が無抵抗な農民を虐殺した中部のソンミにはあちこちに白い墓碑《ぼひ》が立っていた。ヘリコプターで来た米軍は村人を集めて撃ち殺し、農家を焼いた。犠牲者は504人。事件の資料を集めた博物館で、当時12歳だった生き残りの女性が話してくれた。「米兵は赤ん坊を放り投げ、銃剣で突き刺した。おじいさんの髯《ひげ》をつかんで頭を壁にたたきつけた……」。

残虐な様子がありありと目に浮かぶ。私は彼女に言った。「聞いている私でさえ、胸がむかむかする。あなたはどんな気持ちで話しているのですか」。彼女はしばらくうつむいたあと語った。「話すにはあの日のことを思い出さなければならない。恐ろしい記憶が生々しくよみがえって、その夜は眠れない。だから本当は話したくない」。そして振り絞るように言った。「でも、話さなくてはならない。世界がこの残虐さを繰り返さないために」

私は彼女の手を握った。「今日うかがったことを私は絶対に忘れません。できる限り多くの人に、いつまでも伝え続けます」。そう言って別れた。

村をあとにしたとき、これに似た経験を思い出した。駆け出し記者だった長崎だ。原爆の被爆者の家を訪ね、被災の様子を聞いて記事にまとめるよう上司から言われた。被爆者の家を訪ねたが、相手は玄関先に座ってうつむいたまま、一言も話さない。私は不満に思った。なぜ黙っているのだろう、悲惨な事実を伝えなければ忘れられてしまうではないか、と。

それが新米記者の傲慢《ごうまん》な発想だったと15年後にベトナムの村で思い知った。被爆者が当時のことを語るには悲惨な状況を思い出さなければならない。それがどんなに辛いことか。若かった私には思いいたることができなかった。

被害者の話を聞くな、というのではない。そのさいに相手の気持ちを汲《く》むことだ。話を聞こうとする意図をきちんと相手に伝え、聞いたことを可能な限り伝える努力をすると約束し、そのうえで相手が自ら話そうという気持ちになるまでじっと待つことが必要だ。話す気になってもらえなければ連絡先を書いて立ち去り、相手からの連絡を待つまでだ。

放送でよく問題になるのが、事件の犠牲者の遺族《いぞく》にマイクを向けて怒りをかうことだ。とりわけ多数のメディアが被害者を取り囲んで責め立てるように問う「メディア・スクラム」は、被害者を二重に苦しめる行為である。遺族が語りたくない場合は、悲しみの表情を伝えるなどでコメントに替えればいい。

〈あんたはん〉

ベトナムで取材した内容は、2度に分けて6ページずつのカバー・ストーリーとなった。「ベトナム縦断2300キロ」というルポと「ベトナム経済解放戦線」という経済記事だ。当時のベトナムは社会主義に資本主義の要素を入れたドイモイ政策を採用して成功した。その政策を立案したグエン・スアン・オアイン氏は、実は元南ベトナム政府の副首相だったという。香港で出されていた英語のニュース週刊誌を見て知った。

南ベトナムは、ベトナム戦争に勝利した北ベトナムから見れば「アメリカの手先」だ。その閣僚がなぜ統一後のベトナムで活躍できるのか。ベトナム戦争の最終局面で南ベトナム政府の閣僚たちはアメリカに亡命した。オアイン氏はなぜそうしなかったのか。次々に疑問が沸いた。

国会議員になっていた彼を訪れた。英語で自己紹介すると、返ってきたのは「あんたはん、よう来なはりましたなあ」という日本語だ。これがその時の正確な言葉であると言える自信はないが、きれいな京都弁だった。彼は戦前、日本に留学し京都大学で経済理論を学んだという。

オアイン氏は身の上を語った。戦前、日本に留学して経済を学んだのは、貧しいベトナムを豊かにしたかったからだ。戦後はアメリカでハーバード大学の教授をし、帰国して中央銀行の総裁を務めた。南ベトナム崩壊のさいアメリカ政府は彼にハーバード大学教授の職と月給170万円を約束した。しかし、彼は「ここで逃げたらベトナムを豊かにできなくなる。革命政府に殺されても仕方ない。万一、生き残ることができたら、私の知識は必ずベトナムの役に立つ」。そう信じて残ったのだという。

私は感動した。彼は自分の利益を捨て、ベトナムの人々のために命を投げ出したのだ。別れ際、彼は言った。「だれにも言ったことはないけれど、理想に生き抜いてきたことだけは自分に自慢できます」。こんな人の存在を発掘して紹介するとき、ジャーナリストとして仕事のやりがいを感じる。

〈蜂もカエルも武器〉

ベトナムの人々に戦争中に何をしたのか聞いているうちに、なぜ彼らがアメリカに勝てたか理解できた。ベトナム人は一人一人が自分で工夫してアメリカ軍と戦ったのだ。

養蜂家《ようほうか》のおじいさんはスズメバチを飼い慣らして籠《かご》に入れ、米兵が通る道に置いた。米兵が籠を蹴《け》ると、出てきた蜂《はち》が兵士を刺した。このため1個小隊が「全滅」した。カエルの口に煙草《タバコ》を指しこんで深夜、政府軍基地の鉄条網にくくり付けた人もいた。カエルが煙にむせて鳴く声が人の声に聞こえる。敵襲《てきしゅう》と思った基地の兵士は銃撃するが、姿は見えない。何時間も必死に銃撃して疲れ切ったところをベトナム軍が攻撃した。このような話をあちこちで聞いた。

米兵は、いつどこから攻撃されるかわからない恐怖に陥った。ベトナム対アメリカの戦いではなく、ベトナム人対アメリカの戦いだった。正規戦なら米軍が勝つだろうが、ゲリラ戦となると利はベトナム側にあった。

街で目にするのが天秤棒《てんびんぼう》を担ぐおばあさんだ。私はお願いしてその場で天秤棒を担いでみた。簡単なようで難しい。前後の籠が揺れてバランスが取れない。軽々と運ぶおばあさんの足を見ると、指先がカエルの吸盤《きゅうばん》のようだ。人生の苦労が足の指に現れている。目や耳だけでなく身体全体で取材することが必要だ。注意深く観察すると、ふだん気づかないことが見えてくる。シクロという三輪の人力車のようなタクシーがあった。運転手に頼んで私が運転し運転手を座席に乗せてペダルを踏んでみると大変さが身にしみた。

ベトナムでは一生モノの取材グッズを手に入れた。ベトナム兵の装備を元にしたと思われるチョッキだ。ポケットが11もある。危険地の取材では両手が空いていることが必須で、そのためにポケットは多い方がいい。右胸のポケットにはパスポートが入り、左胸にはボールペンを差しこめる。腹の両側のポケットにはカメラもパソコンも入る。おなかが膨らむが戦場では見栄《みば》えよりも便利さ第一だ。1200円で約30年たつ今も立派に役立っている。

4. 東欧革命のチェコ

〈ベルリンの壁が崩壊〉

1989年秋、世界中を驚かせるニュースが入った。11月9日にベルリンの壁が崩壊したのだ。東西対立の象徴だったドイツのベルリンで、街を隔てていた壁を自由に通行できるようになった。圧制に対する自由の勝利であり、世界の和解の象徴でもあった。

ベルリンをかかえる東ドイツだけでなく、東欧すべての国の政権が崩壊しようとしている。編集会議で編集長は「東欧の特集号を出そう。現地に記者を4人、派遣する。希望者は手を挙げて」と言った。すぐに手を挙げたのが4人だった。その場でこの4人が行くことになった。私もその一人である。

これがニュース週刊誌のやり方だ。ぐずぐずせず即断即決。編集長の指名でなく、取材の熱意を持つ記者の自発性で担当者が決まる。この4人で、行く国を分担した。壁の崩壊を予測した記者がドイツを選んだ。ハンガリーと日本の関係に興味を持つ記者はハンガリー行きを願った。女性記者はポーランドを希望した。私はすでに起きた革命でなくこれから起きる革命を見たかったので、チェコとルーマニアを選んだ。

チェコはすでに革命の真最中だった。いつ政権がひっくり返ってもおかしくない。一刻も早く行くべきだ。とはいえこの国について私はほとんど何も知らない。現状、歴史など知識をしっかりと抑え、通訳の手配も必要だ。あわただしい準備が始まった。チェコの研究者に会い、現地で話を聞くべき13人の名前と連絡先を手に入れた。チェコ大使館で取材ビザを取った。

一方、ルーマニアは、この時点で革命など起きそうになかった。チャウシェスク大統領の独裁は盤石《ばんじゃく》だと言われた。でも、世界史的な流れの中で、この国だけが変化しないわけがない。ルーマニア大使館で取材ビザを得ようとしたが、すぐには出してくれない。とりあえず観光ビザを手に入れた。

〈日本は模範的な社会主義国〉

現地に行く前にしたいことがある。日本で社会主義を夢見た人が社会主義政権の崩壊をどう思っているか、知りたい。大きな事件が起きた時には現場に行くのも大事だが、その歴史的な位置づけの省察《しょうさつ》が必要だ。このときは学者でも見方が分かれていた。ならば労働運動の活動家に聞こう。このちょうど30年前に起きたのが「総資本対総労働の闘い」と言われた三井三池炭坑争議だ。争議を率いた炭労三池労組の幹部に会おうと、私は九州に飛んだ。

労組の委員長は亡くなっていたが、副委員長だった久保田武巳さんが「三池闘争30年史」を執筆中だった。彼は「マルクスの『共産党宣言』は当時の若者を奮い立たせた。私たちの胸の中で燃えた情熱は、新しい社会の創造だった。それだけに今の東欧の社会主義国の実態は『何事か』と叫びたくなる。しかし、心の動揺があるわけではない。資本主義の矛盾は消滅したわけでもないし階級がなくなったわけでもないからだ」と語りだした。

そして、ゆっくりと息を吐いて言った。「今、私がようやく到達した気持ちがあります。事物は在ることによって眺《なが》めるべきで、在るべきことによって眺めるべきではない。日本の労組は妥協的なことを言うと『そうすべきでない』と言いがちです。事実から離れて『べき』を追求しすぎます」「東ドイツのオルビナー書記長と会ったとき『社会主義社会を勝ち取るのは非常に難しいが、その建設はもっと難しい』と言っていました。社会主義建設の仕方が間違っていたのだと思います」

2時間にわたる話の最後にこう言った。「三池闘争から学んだのは労組側ではなく、資本家側です。あれだけの力を費やすなら、日ごろから労働者に目を配った方がいいと考えた。三池闘争を機に資本家は収奪から分配に変わった。分配によって日本の資本主義も飛躍的に発展した。皮肉なことに三池闘争が日本資本主義を発展させた」

その後の日本は春闘のたびに給料が上がり、会社には社員のための厚生施設が作られた。終身雇用が制度となり、1970年代には「一億総中流」と言われる格差のない社会を創り、「日本型社会主義」と言われた。

私も中南米特派員の時代に東欧の外交官から「日本は世界の模範的な社会主義国です」と言われてあ然とした経験がある。「日本は資本主義ですよ」と反論する私に、彼は「もちろん知っています。でも、考えてみてください。社会主義の理想である平等で豊かな社会をソ連や中国が実現しましたか？　とんでもない。それを実現した歴史上唯一の国は日本です」と真顔で言った。

社会主義って何だろうと考えつつ、チェコに飛んだ。

〈20年ぶりの歌〉

チェコの首都プラハに入ると、通りに面した銀行やデパートなどの壁は白い紙で埋まっていた。市民が自分の主張を書いて貼《は》ったのだ。「ストップ、一党独裁」「自由な選挙を」など改革派のものが多いが、「学生は大学に帰れ」という保守派のものもある。通りがかった市民がその前で討論する。中心部の広場の銅像の前に300人が集まり、市民がかわるがわるマイクを握って自分の主張を述べていた。政治的な立場が違っても怒鳴《どな》り声はない。穏《おだ》やかな話し合いだ。民主主義的な風土、民度の高さを感じさせる。

街のあちこちでチェコの作曲家スメタナの「モルダウ」のメロディーが響いた。音楽学校の生徒たちがオーケストラを組んで街頭で演奏し、前に置いたバイオリン・ケースに市民が小

チェコの革命勝利集会でVサインを掲げる30万人の市民
（1989年、チェコの首都プラハで）

銭を入れる。革命の資金集めだ。混乱はなく静かで統制がとれた革命だ。

入国して2日後の12月10日、革命の勝利を祝う集会が開かれた。中心部の広場で午後2時からだという。現場に行くと30万人で埋まっていた。2時になるといっせいに拍手が沸《わ》いた。「来た、来た、変化が来た」の大合唱だ。ビルの4階のバルコニーにマイクが置いてある。登場したのは中年の女性だった。着ている薄物《うすもの》の服に驚いた。そのとき零下《れいか》10度だったからだ。

彼女はアルトの声でゆったりと歌い始めた。「あの人は誰?」と私は通訳に聞いた。「この20年間、歌を禁じられた元歌手です」という。マルタ・クビショバ。20年前というと1969年だ。その前年、「プラハの春」と言われる自由な時代が来た。それがソ連の戦車で踏みにじられたとき、チェコ国民の多くはあきらめた。超大国の力には黙るしかないと思ったのだ。しかし、彼女は黙らなかった。ソ連を批判したため翌年、歌を禁じられた。その後の20年間、屈しなかった彼女が今、みんなの前で歌う。

気づくと周囲の人々が涙を流している。みんな右手の手袋をとり、腕を高く掲げてVサインをした。30万のVサインだ。スラブ系の民族は肌が抜けるように白い。寒さの中で30万の白いVの花がしだいにピンクに変わるように見えた。

歴史はいま、詩となって目の前に展開している。

〈ビロード革命〉

歌のあと登場したのが市民運動の代表で、新大統領に就任したハベル氏だ。劇作家である。「この3週間で我々は平和な革命を達成した。21年前に止まった歴史が動き出した。驚くべき速さで」と語りだした。その4日後、勝利を祝うコンサートが開かれた。チェコ・フィルハーモニーがベートーベンの第九「歓喜《かんき》の歌」を合唱付きで演奏する。会場のスメタナ・ホールに行くと、満員だと断られた。でも「日本から取材に来た」と言うと、前から3番目の席に座らせてくれた。演奏が終わると指揮者も奏者もVサインを高々と掲げた。観客も総立ちでVサインをした。拍手は20分間、鳴りやまなかった。

チェコの革命は芸術とともにあった。だれも死なない、人に優しい革命と言う意味で「ビロード革命」と呼ばれる。歴史が変化するこのような現場に居合わせることができるのは、ジャーナリストにとって至福だ。

当時はチェコと一体だったスロバキアの古都ブラチスラバにも入り、「プラハの春」のとき政権を率いたドプチェク氏に会った。

このあと私は東ドイツに行き、ベルリンの壁の崩壊現場を見た。壁面に沿って約10メートルおきに人々が壁にはりついてハンマーをふるっている。文字通り壁を壊しているのだ。私もハンマーを借りてたたいたが、硬くて壊れない。そばでは5センチ角の壁の断片を1個10マルク（約860円）で売る青年がいた。それを買うアメリカのデパートの買い付け人もいた。

もう一度、チェコに戻って取材中、タクシーに戻ると運転手が興奮しながら「いま、ラジオの昼のニュースで、ルーマニアで革命が起きたと言った」と言う。

すぐさまルーマニア行きのルートを探った。一つは飛行機だ。国境を越えてオーストリアのウィーンに行き、ルーマニアの首都ブカレストへ飛ぶことができる。その航空券は日本で手に入れてある。鉄道ならブカレスト行きの国際列車バルト・オリエント急行がある。時刻表を調べると鉄道の方が2時間早く現地に到着できる。それに非常事態になれば空港は閉鎖される可能性が大きい。陸路に決めた。

ただ、問題がひとつある。つい先日買った新聞には、ルーマニアで暴動が起きて国境が閉鎖され、列車で入国しようとする外国人は強制的に降ろされたと書いてあった。時刻表を見ると、国境の通過は真夜中だ。零下の気温で真夜中に外に放り出されたくはない。しばし考えたが、こんなときは運を天に任せるしかない。車を駅に走らせると、すでに発車間際《まぎわ》だ。

列車に飛び乗った。

5. ルーマニア革命

〈国境越え〉

列車がハンガリーのブダペストを通り、ルーマニアの国境の駅に着いたのは12月22日の午後10時20分だ。ホームの上に霜《しも》がはって月明かりに光る。防寒コートを着た兵士が自動小銃を手に50メートル間隔でホームに並ぶ。駅舎のほかに電灯が見えない。ここで放り出されたら凍え死ぬしかない。空に浮かぶオリオン座が寒々と見える。

私が持っているのは観光ビザで、取材ビザではない。報道目的とわかれば追い出されても文句は言えない。同行の山本カメラマンはカメラ機材とフィルムを大量に持っている。どうしたものかと対応を考えているところに、ビザ検査の係官が来た。

とっさに言った。私たちは旅行会社の社員であり、観光がてら宣伝用の写真を撮る旅だと。係官は私に「旅行会社の社長か」と聞く。役職もちの方が丁寧《ていねい》に扱われそうな気配だ。でも社長という貫禄《かんろく》はない。「副社長だ」と答えるとスタンプを押してくれた。

こんどは税関職員が来て荷物をすべて開けろと言う。カメラマンのバッグをのぞいた彼は「ジャーナリストだな」とつぶやいた。彼は私たちの正体に気づきながら見逃してくれた。列車が駅を出発したのは午前零時だ。時差調整で時計を1時間進めた。ホッとすると疲れがドッと出て、そのまま ぐっすり眠った。

このときの会話はすべてルーマニア語だ。私は大学1年のときにルーマニア語を学び、通訳までしたことがある。ゼミの「ルーマニア語」を好奇心だけで選択した。最初しばらく授業に出たが、難しいので行かなくなった。夏休み後に教室に行くと、みんなすでにやめていた。私がいないとゼミが成立しないので逃れられなくなった。以後は先生の自宅に行き1対1で習った。先生の娘が可愛《かわい》いので、それが励みとなって通った。だから上達したのだ。ほんの好奇心から始めたことが、あとで思わぬ役に立つ。若い時はなんでもやってみることだ。

〈市街戦下のブシドー〉

明け方、寒さで目を覚ますと、窓の外はシベリアのような真っ白な凍土《とうど》だ。首都に着いたのは出発から２１時間半後の１２月２３日正午前だ。独裁者チャウシェスクの肖像画が裂かれて、駅のくずかごに転がっている。あちこちに人の輪ができて議論している。会話の中に内戦という言葉が出てきた。驚いて聞くと「知らないのか」と問われた。駅の外に出ると革命派と独裁派が市街戦を展開していた。タン、タンという小銃の音、激しい機関銃、鈍い迫撃砲《はくげきほう》の発射音も響く。大変な事態に遭遇《そうぐう》したことを悟った。

タクシーを探したが、市街戦の最中にタクシーなどいない。駅前の大通りでは避難民が自家用車を全速力で飛ばしている。通りの真ん中で両手を広げて走る車を次々に停め「車を使わせてくれ」と頼んだが、断られた。ようやく車を提供してくれたのは大学教授だ。どこに行きたいか問うので、「銃撃戦が一番激しいところへ」と答えた。

5分もせずに目の前の横道から戦車が2両出てきた。銃座の兵士は革命派の印の三色旗の腕章をしている。私に気づくとVサインした。話を聞こうと車を降りて走ると、左のビルの窓から自動小銃で銃撃された。独裁派の兵士だ。足元を銃弾がピンピンと跳《は》ねる。車の陰に滑り込んだ。戦車がビルに発砲し目の前で戦闘が始まった。

中南米で内戦の最前線は何度も経験したが、市街戦は初めてだ。石造りの建物に跳ねた銃弾が四方八方から飛んでくる。そんな危険な街路に群衆がいて殺気立った顔で私の車を止め「トランクを開けろ」と叫んだ。独裁派の兵士に銃弾を運ぶ車を検問していると言う。革命のため市民が自発的に奮い立ったのだ。

大通りの向こうで独裁派の兵士が市民を銃撃していた。行けば３０行ほどの原稿になりそうだ。

だが、通りの両側で撃ち合って銃弾が飛び交う。弾に当たるかと思うと一歩が踏み出せない。頭は向こうに行きたいが脚《あし》がすくむ。

そのときだ。傍《かたわ》らにいたルーマニア人の若者が「ブシドー」と叫んだ。街を走り回る私に「この革命が世界に正しく知られるよう手伝いたい」と、自分から道案内の助手になってくれた予備校生だ。黒澤映画で知った「武士道」である。こう言われると日本の男としてためらっていられない。運を天に任せて走り出した。耳元でヒュンヒュンと弾が飛び交う音がした。

〈歴史を記録する〉

革命派と独裁派の攻防が激しかったのが国営テレビ局だ。13階の建物のガラスはすべて割れ、戦車や装甲車20両が取り囲む。革命派はここを拠点として全国に放送していた。取材に訪れると、いきなりスタジオに連れて行かれた。外国人記者から見てこの革命がどう見えるのか話してほしいと言う。内戦の当事者としては海外の目が気になるのだ。

テレビを見ていると、アナウンサーが「日本の朝日新聞によると……」と記事を紹介している。私が送った記事だ。そこで知ったのは、革命が始まってからルーマニア入りした外国の記者はまだ少ないことだ。どうやら先進国の記者では私が一番乗りらしい。そうなると、私の記事がルーマニアの現状を世界に知らせる数少ないニュースとなる。後の世でこの革命が語られるとき、私が発進した記事が歴史として記録される。つまり「私が歴史を記録している」し「私の書いたことが歴史になる」のだ。そう思うと、身震《みぶる》いするような緊張感を感じた。できるだけ多くの正確な事実を集め、人々の動きを伝えなければと思った。

泊まったホテルの壁は銃痕《じゅうこん》だらけ、1階のレストランは砲撃で黒焦げだ。流れ弾が飛ぶので窓の側のベッドに寝るなと言われた。国際電話は2台しかなく、記者たちが列をなす。それもすぐに通じなくなった。残るはテレックスという旧式な通信機しかない。タイプライターのような器械で原稿を送るのだ。しかし、文字の配列がフランス語方式で、日本で使う英語方式とは違う。もどかしく思いながらキーをたたくうちに、窓の外から機関銃の銃撃を受けた。

頭の上を窓ガラスが飛び散る。逃げようとする係の女性に「これを東京に送ってから逃げてくれ」と叫ぶ。取材しても送らなければ意味がない。腹を据えて原稿を打電し、そのあとに「戦場からメリークリスマス。まさかの時は妻子を頼む」と「行政電」（会社あての連絡）を加えた。

〈残るか逃げるかの選択〉

午前4時にホテルの枕元の電話が鳴った。日本大使館からだ。ルーマニア入りしたさい大使館に名前と居所を伝えた。刻々と変わる情報を知りたいし、死んだときには遺体を引き取ってもらわなければならない。大使館員は「独裁派が盛り返して外国人は皆殺しにされる情勢となった。大使館は在留邦人《ほうじん》を連れて退避する。あなたもすぐ大使館に来てくれ」と言う。私はせっかく取材に入ったのだから留まると言った。

その館員は説得のためにわざわざホテルに来てくれた。情報の出所はアメリカ大使館だという。つまり確度が高い。米海兵隊が先導して米国と日本の車列を作り、全速力で隣のブルガリアに走るという。海兵隊が逃げるとは、よほどせっぱつまった状況だ。

その場にいたのは私と、私の1日後に入国した若いNHKの記者だ。NHKの記者はすぐに「こんな所で死にたくない。私は逃げます」と言った。私の脳は反発した。「こんな所」というが、世界が注目する地で今は歴史の転換点だ。記者として一生に一度遭遇《そうぐう》するかどうかの機会である。

残るか逃げるかを即座に決めなければならない状況にさらされた。そのとき頭に浮かんだのはジャーナリズム魂《だましい》というきれいごとではない。自分は何者か、という自身への問いだ。ここで逃げたら命は助かっても、今後はジャーナリストとして胸を張って生きて行けなくなると思った。死よりもその方が怖かった。考える前に「僕は残ります」という言葉が口をついた。

しかし、二人が去ると、心底から怖くなった。これで死ぬかもしれないと本気で思った。左脚がひざ元からガクガク震《ふる》えた。両手で押さえても長い間、止まらなかった。

翌日、ホテルのロビーに置かれたテレビは一日中、チャウシェスクが簡易裁判で銃殺された映像を流した。国際世論は独裁者に正式な裁判をすべきだと言ったが、そんな悠長《ゆうちょう》な情勢ではなかった。独裁者を処刑したから独裁派は守るものを失って瓦解《がかい》したのだ。処刑されなかったら私を含め多くの市民の命が失われただろう。現実の混乱の中にいると、現場を知らない論評に怒りを感じる。

〈独裁者の作り方〉

革命が勝利に終わったあと、疑問に思っていたことを聞いて回った。かつて米中接近の橋渡しをするなど開明派と言われたチャウシェスクがなぜ独裁者になったのか、だ。

きっかけは「プラハの春」のチェコにソ連が侵攻したことだった。チャウシェスクはチェコの次はルーマニアがソ連の標的になると警戒した。このため自分に反抗しそうなソ連派の幹部を切りすてた。周囲にイエスマンしか残らなくなり、チャウシェスクの言動すべてが称賛され、急速に独裁化したという。

よかれと思った行為が独裁化を招き、結局は我が身も国も滅ぼしてしまう。今もありそうだ。北朝鮮はもちろん、中国も権力を集中した結果、独裁の道をたどっている。日本の政治も他人事ではない。権力を増そうとすれば、自ら墓穴《ぼけつ》を掘ることにつながるのだ。

チェコは無血革命だったが、ルーマニアは流血だった。チェコは20年ほどの民主主義の歴史があるが、ルーマニアは独裁の連続だ。その違いが明暗を分けた。

「ブシドー」と叫んだクリスチャン君に身の上を聞くと、彼は「僕は病人だった」と笑い出した。大病院で精密検査するため地方から出てきたのだった。革命の熱気は病気を忘れさせたのだ。彼に謝礼の金を渡そうとしたが、「僕は祖国の革命のために行動したのだから」と言って受け取らない。腕時計をはずして記念にしてもらった。今も持っているだろうか。

帰国して本を書いた。題名をどうするか考えて思い浮かんだのは、チェコのハベル大統領が革命勝利で挙げた言葉だ。『歴史は急ぐ』とした。

それから27年後にふと思い出し、私の行政電が伝わったのか、初めて妻に聞いた。社はちゃんと伝えてくれていた。「戦場からメリークリスマスという文面を聞いて、生きて帰ると確信した」と妻は言った。

第3章

再び特派員そして左遷
―スペイン、NGO

バルセロナのオリンピック取材のためスペイン特派員となった。赴任するとすぐにユーゴで戦争が始まったので内戦の現場へ。帰国すると左遷されたが、かえって自由な時間を活用して「本業ジャーナリスト」にまい進して本を書き、ペルーや韓国にも取材に出かけた。

スペイン・カタルーニャの祭「メルセの日」に登場した人間ピラミッド（1991年）

1．戦争から戦争へ

〈湾岸戦争〉

週刊誌から再び新聞に戻り、外報部（現・国際報道部）の勤務になった。新たに中東を担当するよう言われて「え？」と思った。私は中東と何のかかわりもなく、アラビアの言葉も文化もまったく知らない。でも、担当する以上、その日からプロになるしかない。中東で何か事件があればすぐに解説記事を書くのが仕事だ。事件どころか、担当となって4か月後に戦争が起きた。イラクがクウェートに侵攻したのだ。翌年には大規模な湾岸戦争に発展した。

現地のニュースを追いつつ、中東の知識を急速に仕入れる。中東に関連する本を歴史、文化、風土など片っ端から読んだ。中東に詳しい研究者、商社員らを訪ねて、戦争に至った背景や見通し、現地の実情などを聴いた。短期間に集中すれば、脳は思いがけない威力を発揮する。一気に中東通になり、2か月後には中東の現状について講演をするまでになった。

やがてイラクに派遣されることになった。イラク大使館に通ってビザを申請するかたわら、アラビア語講座に通った。しかし、にわか勉強で身につくほどアラビア語は簡単ではない。戦場で言葉もわからず孤立したとき身を守るのはなんだろうと考えて、中東なら宗教だと思った。都内にあるイスラム教のモスクを訪ねてお祈りの仕方を習った。ビスミッラー・アッラッハマーン・アッラヒームと喉《のど》から声を絞り出すように唱える。これは同時にアラビア語の習得の役に立った。できることはやったしヨルダンのビザはとれたが、イラク大使館はついにビザを出さなかった。私のイラク行きは消えた。

この湾岸戦争でアメリカは情報を統制した。ベトナム戦争のさいメディアは自由に取材できたため、米軍による虐殺や悲惨な実情を現地から伝えた。それが反戦運動を招き、戦争終結につながった。その教訓からアメリカ政府は、湾岸戦争ではメディアを統制下に置き、報道管制したのだ。戦地で自由な取材ができないよう規制し、米軍部隊が現地で記者発表するだけにした。

日本の外務省も戦争開始の直前、イラクにいた日本のメディアに国外に出るよう勧告した。日本の大手メディアはすべて退去した。これは報道の自殺行為だと私は思う。記者の生命と通信の手立てを整える最善の手段を尽くして、記者は留《とど》まるべきだ。現に欧米の記者の中にはイラクに留まる者もいた。記者の身を案じる会社の気持ちはうれしいが、記者は報道という大義のために存在している。少なくとも出るか留まるかは現地の記者の判断に任せ、留まると決意した記者には全力で支援するべきだ。

記者が現地にいないため日本のメディアは現地の米軍の発表をそのまま伝えることになった。いわばアメリカ政府の下請け、先の戦争中の大本営発表と変わらない。大手メディアがいなくなった穴を埋めるように現地で活躍したのがフリーランスの記者だった。

戦時の政府や軍によるメディア規制は2003年のイラク戦争でさらに進み、米軍は同行取材しか認めなかった。軍服を着て兵士と同じ訓練を受け兵士と行動をともにする従軍記者である。記者を軍に埋め込むようなのでエンベッド（埋め込み）方式という。こうしてメディアは軍にからめ捕られてしまった。大手メディアはやすやすと権力に取り込まれたのである。

〈スペイン特派員〉

湾岸戦争の終結とともに、私はバルセロナ支局長としてスペインに赴《おもむ》くことになった。1992年のバルセロナ・オリンピックに向けて開設される支局の初代支局長だ。赴任したのはオリンピックの1年前だった。

飛行機はアラスカ経由だ。眼下に流氷が見えた。7年前に初めての特派員として大平洋をわたったときは不安でいっぱいだったが、今回は緊張感がない。それどころか余裕さえある。乗ったジャンボ機の機体には「Garcia Lorca」と書いてある。ガルシア・ロルカ。スペイン内戦で独裁軍に銃殺された悲劇の詩人の名である。この内戦が私のテーマの一つだった。

日本では「スペイン市民戦争」の名で知られる。1936年にフランコ将軍がクーデターを起こしたあと、国民は民主主義を守る共和国派とファシズムの独裁派に分かれ、3年間にわたって血なまぐさい殺し合いをした。70万人の犠牲を出したスペイン史の汚点である。それから半世紀以上を経て、痕跡《こんせき》はどれほど残っているのだろうか。

残っているどころではなかった。会う人ごとに内戦当時の話を聞いたが、「内戦」と口にしたとたん、相手は黙り込んだ。何も答えずに去るか、「話したくない」というか、はぐらかすかのどれかだ。50年が過ぎても、内戦はいまだに禁句なのだ。両派の対立は今も生きている。今は友だちでも内戦のときに敵だったとわかれば口をきかなくなるという。

共和国派の兵士だった人々が結成した「共和国古参兵士協会」の事務所を探して訪れた。73歳のカサボンさんは当時、高校を卒業したばかりの18歳だった。所属していた政党の指令に基づいて前線に投入されたという。政党の名を聞くと「言えない」と言う。半世紀以上たち、もはや独裁者のフランコは死んで国は民主化している。なのに、かたくなに口をつぐむ。この間の迫害があまりにひどかったからだ。

内戦末期、彼は将校だった。バルセロナの陥落《かんらく》で捕虜《ほりょ》となり、反逆罪で強制労働の判決を受けた。2年間の鉄道工事のあと、フランコ軍の最下等の兵士に入隊させられた。かつての将校が敵の1兵卒である。軍隊内でいかにいじめられたか、想像に難くない。それが3年続いた。市民に復帰してもパスポートはもらえない。町から30分出るにも警察の許可が必要だ。仕事も3K職場しかあてがわれない。何か申請するたびにフランコ将軍への忠誠の誓いを強制された。「それは自分を裏切ることだった。魂《たましい》を売れ、と国家は私に迫った」と言う。

内戦は長期にわたって人の心を荒廃させる。「私は、魂は売らなかった。正義に燃えて志願し戦場に行ったことは、今でも誇りに思っている。でも、今はどんな戦争でも、もう二度としたくない」と彼は語った。

〈ユーゴ内戦〉

過去の内戦の取材をしていると、現代の内戦が起きた。ユーゴスラビアである。バルセロナに赴任してまだ3か月。私はユーゴの中心地セルビアに飛んだ。

ユーゴスラビア連邦を構成していた北部のスロベニアは、たった10日間の戦争で独立を達成した。今やクロアチアの独立が焦点だ。セルビアの首都ベオグラードの学校は、クロアチアから逃げてきた避難民の収容所になっていた。しかし、人々の顔はそんなに暗くない。「セルビア人とクロアチア人は昨日まで隣人で、何も問題もなく暮らしていた。今の騒ぎは1か月したら落ち着くさ」というのが大方の反応だった。

うつむいている少年がいた。高校1年のマニシャ君。クロアチア軍は彼の家にバズーカ砲を撃ちこんで破壊した。兵士たちがテレビやミシンなど持ち去った。「それだけじゃない。おじいさんの義足をズタズタに切り裂いたんだ。なぜそこまでしなきゃいけないんだ。それが一番悲しい」と言って涙を流した。

父親は体育の教師でクロアチア軍と戦う防衛隊に入り、近所の村に立てこもったままだ。区役所の職員だった母親は防衛隊の炊《た》き出しをしている。マニシャ君は家族と別れ、親せきの車でベオグラードにやって来た。「これまでのユーゴは、いろんな民族がまじりあって仲良く暮らす理想的な国だった。秋までには平和解決すると期待しているけど、これからも理想的な国であってほしい」。この小さな期待は、完全に裏切られた。

朝、広場に面したカフェでクロワッサンとコーヒーの朝食をとっていると、セルビアの国旗を掲げた若者たち20人ほどが大声で「前線に行こう」と声を張り上げ行進してきた。周辺の家のドアをたたき、「この家から軍隊に志願者を出したか？」と問う。出してないという答えが返れば、大声で怒鳴りつける。私の周囲で食事している市民たちは「あのバカ者が」と言うが、彼らの行為を静止しようとする人はいない。口を出せば暴力を振るわれるからだ。

クロアチアに行った。ホテルのテレビをつけると、画面に屈強な若者たちが出て「殺せ、殺せ、あいつら殺せ」と叫びながら踊る。政府のキャンペーンだった。街を歩けば第2次大戦中にナチスに協力したクロアチアのファシスト組織ウスタシャの旗を堂々と掲げて行進する一団がいる。

両国に共通したのは、政府の後ろ盾で「愛国」を唱える者が大手を振って主張し、和解を唱える人が非国民のレッテルを貼られたことだ。争いを望まない国民が多いにもかかわらず両国の関係は急速に冷え込み、やがて取り返しがつかなくなった。

問題を解決するための会議が開かれ戦闘がひとまず収束《しゅうそく》したところまで取材してバルセロナに戻った。しかし、その後に戦争はユーゴ全域に広がり収拾がつかなくなった。

ユーゴの内戦を象徴する忌《い》まわしい言葉がある。「民族浄化《みんぞくじょうか》（エスニック・クレンジング）」だ。自分たち以外の民族をユーゴからなくそうとしていると、セルビアを非難するのに使われた。この言葉はボスニア政府がアメリカの広告会社にカネを出して作らせた宣伝用語である。クロアチアもボスニアも虐殺をしたのに、この言葉がセルビアと結び付けられて世界に広まることによって、セルビアだけが悪者とされた。

それに世界のメディアも乗せられたのだ。いかにもそれらしいし、わかりやすい言葉だけに、新聞の見出しに使われた。あとになって気づいたときには、すでに内戦の憎悪は修復不可能な事態に陥っていた。戦争中に政治家の口から出る「口当たりのいい」言葉には気をつけなければならない。

2．オリンピック

〈生活を楽しむ〉

記者を仕事としていると、つい生活感覚が乏しくなる。記者に限らず日本社会は仕事を中心に考えがちだ。当時は24時間働くことが美徳とされ、サラリーマンは家庭を顧《かえり》みることなく会社に忠誠を誓うことが当然だと言われ、「ウサギ小屋」に住む「働き蜂」と揶揄《やゆ》された。スペインに住んで、生活に別の価値観があることを知った。

バルセロナで家を借りた。不動産屋で物件を探し、決めたのは家具付きの家だ。冷蔵庫も洗濯機もベッドもある。いろいろ買う手間が省けるのは忙しい特派員にとって助かる。物件を回って驚いたのは、どの家のどの部屋の壁にもたくさんの絵が飾ってあることだ。

バルセロナ中心部の広場では毎週土曜、市民が円を作って民族舞踊のサルダーナを踊る（1991年）

しかも季節ごとに絵を総取り替えするという。そうなると一度に数十枚の絵が必要だが……。

　街には絵だけを売るスーパーがあった。入り口に置いてあるカートを押しながら中に入ると、壁に画家の写真と経歴がずらりと並んでいた。画家の写真の下には、当人が描いた絵がビニール袋に入って山積みされている。その価格が、日本で言えば２９８０円のような、いわゆる「ニーキュッパ」の値段に設定されている。価格は2〜3千円台が大半だ。画家一人に付き、作品が３０枚くらいある。買い手は画家の経歴を読み、絵を手に取って見比べながら選ぶ。一人が一度に１０〜２０枚も買っている。生活に芸術が根づいている。

　職場はどこもたいがい午前9時に始まり午後2時まで。その後は2時間の休みがあって午後4時から7時まで働く。間の2時間をシエスタという。ラテン語のセスタ（6番目）から来たもので、日の出の午前6時から6番目の時間である正午を指す。それが昼休みを意味する言葉になった。人々は自宅に戻って家族で昼食をとるか、職場の仲間といっしょにレストランに行く。この時間、官庁も店もすべて休みだ。開いているのはレストランしかない。

　どんな小さなレストランでもフルコースだ。席に着くと注文を聞かれる。「飲み物は？」と聞かれ水、ビール、ワインから選ぶ。昼間からアルコールを飲むなんて日本では怒られそうだが、スペインでは当たり前である。次に「前菜は？」と聞かれる。マカロニ、スープ、サラダの3コースがある。マカロニを頼むと大皿に山盛りで出てきて、日本人はこれだけで腹いっぱいになる。次が「主菜は？」と来る。肉か鳥か魚かの選択だ。まだある。「デザートは？」でケーキかアイスクリームか果物かを選ぶ。ケーキはクリスマスケーキのような特大だ。最後に「食後は？」で、コーヒーか紅茶を選ぶ。会話を交わしながらこんなに食べるので2時間たっぷりかかる。

これだけ食べて、高くて1700円、安い食堂は750円だ。昼に腹いっぱい食べるのが習慣となると、「立ち食いソバ1杯で15分」の日本のサラリーマンの昼食が非人間的に思えるのは当然だろう。スペインで暮らすことは異文化に触れるだけでなく、人間的な暮らしとは何かを考えるきっかけとなった。

〈もう死んでもいい〉

オリンピックが近づくと、記者の仕事よりオリンピックに向けて取材態勢を築くことが重点となった。開会すれば朝日新聞だけで30人以上の取材団となる。オリンピック会場に作られる取材本部の確保や記者の宿舎の手配など、事前に準備することは多い。

オリンピックが始まると忙殺《ぼうさつ》された。日本との時差が7時間で朝刊、夕刊とも中途半端な締め切り時間になる。どこまでを朝刊に、どこからを夕刊にするか、記者たちは悩んだ。毎日どこかで競技があり、30人いても人手が足りない。私も駆《か》り出されて女子テニスの決勝を取材し、記事を書いた。

最終日は男子マラソンだ。私はゴールとなったオリンピック・スタジアムの最前列に近い記者席にいた。競技のフィナーレを飾って日本の森下広一選手が優勝する……はずだった。モニターテレビを見ていると、森下選手の後ろにぴったりついて走る選手がいる。韓国の黄永祚《ファンヨンジュ》選手だ。スタジアム直前で黄選手は森下選手を抜き、そのままトップでゴールインした。

この瞬間、韓国のテレビのアナウンサーが叫んだ。「56年の恨《ハン》を晴らしました」。スタジアムに陣取った韓国の応援団から万歳の歓呼が上がった。一方、周囲の記者席からは悲鳴が上がった。「黄永祚って何者だ？　だれか資料をもってないか」。黄選手の優勝など、だれも予想していなかったのだ。そこに「孫基禎《ソンギジョン》がスタンドに来ているぞ」という声が上がった。

孫基禎とは、このときから56年前の1936年に行われたベルリン・オリンピックで優勝したマラソン選手である。彼は朝鮮半島の出身だったが、胸には日の丸のマークをつけた。全力を尽くした結果、自分の国を植民地にした日本の国旗を揚げることになったことを、彼は悔やんだ。その彼が韓国の応援団席で泣いていた。ようやく語ったのは「もう死んでもいい」という言葉だ。

一方、黄選手は記者会見で、森下選手を追い抜いたときの心境を聞かれて一言「恨！」と答えた。祖国を植民地とした日本への恨みを晴らすという意味だ。日本人からすると戦後半世紀もたつのに、なぜこうも執念深くこだわるのかといぶかるだろう。しかし、韓国の立場に立てば、「まだ」半世紀である。恨みは簡単には消えるものではないことをまざまざと感じた。

〈カザルスの心〉

やがて最後の閉会式となった。聖火が消える直前、物悲しく荘重なソプラノの歌声が聞こえた。歌うのは地元カタルーニャ出身の女性歌手、歌はカタルーニャ民謡の「鳥の歌」だ。それがオリンピックを締めくくる歌に選ばれた背景には、時代に屈しなかった音楽家の人生がある。

「チェロの神様」と呼ばれたカザルスの故郷がカタルーニャだ。その州都がバルセロナである。

カザルスは演奏の最後に必ず、この曲を奏《かな》でた。ニューヨークの国連本部で国連平和賞を贈《おく》られたときもこの曲を弾《ひ》いた。演奏の前に「私の故郷では、空を飛ぶ鳥はピース（平和）、ピースと鳴きます」と語った。彼が平和賞を受賞したのは、人生をかけてファシズムに反対し、音楽を通じて世界平和のために闘ったからである。

ヒトラーがナチスを誇示した1936年のベルリン・オリンピックは本来、バルセロナで行われるはずだった。内戦に至る政治不穏で開催地が変わったのだ。ナチスを嫌うスポーツ人はベルリンを拒否してバルセロナに集まり、「人民オリンピック」を開くことにした。開会式でベートーベンの第九の指揮《しき》を執《と》る予定だったのがカザルスだ。

しかし、リハーサルの最中に軍によるクーデターが起きた。カザルスは「平和が訪れたとき、再び第九を演奏しよう」と団員に呼びかけた。内戦でファシストが勝つとカザルスは国外に亡命し、演奏会の収益をスペイン共和国派の難民の救済に充てた。祖国が民主化されるまでは帰らないと断言した彼は、1973年に亡くなるまでついに再び故郷の土を踏まなかった。

その彼の思いをバルセロナの人々は忘れなかった。幻と消えたバルセロナでのオリンピックが半世紀後に開催されたとき、開会式で第九を、閉会式で「鳥の歌」を採用したのは、カザルスへの追悼である。

オリンピック・スタジアムがあるモンジュイックの丘の南側は崖で、すぐ下は墓地だ。スペイン内戦のさい勝利したフランコの独裁軍が、捕虜《ほりょ》にした共和国派の市民を射殺した現場である。遺体を崖から突き落とし、死体の上に土をかぶせ、その上にまた死体を落とした。名前がわかっているだけでも、ここで3千人が殺された。

十字架や石碑が並ぶ中、国際旅団の記念碑が立っていた。ファシズムから民主主義と自由を守ろうと世界からやってきて命を捧げた義勇兵を称える碑だ。独裁時代に長く忘れられていた人々の復権が今、進んでいる。

1991年、ソ連で軍事クーデターが失敗した翌朝、スペインの新聞の1面に、この国が誇る国民的な文学『ドン・キホーテ』の一節が載った。「自由というものは、天が与えてくれた最も価値あるものの一つなのだ」。『ドン・キホーテ』の文章はこう続く。「自由のためになら、人は生命の危険を冒すことができるし、冒さなければならない」。これこそジャーナリストが肝《きも》に銘じるべき言葉だと思う。

3. 左遷で活き活き

〈目立つのを嫌う風土〉

バルセロナ・オリンピックが終われば、支局をスペインの首都に移してマドリード支局長になるはずだった。このときバブルが崩壊した。朝日新聞社も経営状況が悪化し、スペインの支局を含めヨーロッパの3つの支局が閉鎖《へいさ》された。次はどこの部に戻りたいかと聞かれた私は『AERA』を挙げた。しかし『AERA』の編集長から断られた。

その理由はやがてわかった。「一人の記者に集中し、他の記者の影が薄くなる事態を避ける」と『A

ＥＲＡ』編集長があからさまに公表している。つまり記事を書きすぎる者がいると他の記者の存在感が薄れて編集部の和が乱れるので目立ちすぎる者を排除する、というのだ。

不思議な感覚だと思った。いいニュースほど人の目を引く。努力してニュースを発掘して発信すれば、「あいつだけ目立って」と他の記者から嫉妬《しっと》される。ならばその記者も努力すればいいではないか。努力しない記者の不満を解消するために、努力する記者を排除する。ジャーナリズムの世界でこんなことをするのは、読者に対する背信行為だ。

野球で言えばホームラン・バッターに「他の選手の影が薄くなるからヒットを打つな」と言うようなものだ。そういえば野球やサッカーの選手がことあるごとに「自分の記録よりもチームの優勝が第一」と強調する。あれは本能的に周囲の反感をそらそうとするのだろう。

レベルが低い話だが、これが管理職の発想である。新聞社に限らず、どこの組織でも管理職は「チームの和」を重視するあまり、目立つ者の足を引っ張り、出る杭《くい》をたたきがちだ。

結局、私は社会部に戻り、川崎支局長になった。今度は私が管理職になった。若い支局員４人を指導し原稿を手直しする仕事だ。週に一度は横浜支局に行ってデスクをする。後輩の指導もジャーナリストの仕事だが、私は自分で取材して記事を書きたい。ここで管理職をしっかりやれば、あとは会社組織の中で管理職の階段を上って行くことになる。それは嫌だった。私は出世したいのではない。ジャーナリストを貫きたいのだ。

もちろんマスコミの会社だから組織の発展を担うのもジャーナリストの役割である。しかし、会社組織を支える仕事となるとニュースの現場からは遠ざかる。「論説」という社説や評論の分野もジャーナリストの重要な仕事だが、現場を離れると過去の例をもとに主張しがちだ。第一線にいたときは社会変革の記事を書いていた人が偉くなると保守的になる例をいくらでも見た。そうはなりたくない。少なくとも私には、現場を離れてジャーナリストと名乗れる自信はなかった。

〈本業ジャーナリスト・副業会社員〉

若い記者の取材の指導はしっかりやった。しかし、管理の仕事は最低限にとどめた。短い川崎支局長のあとは本社のフォーラム事務局というシンポジウムを開催する部に転勤させられた。朝日新聞が年に5〜6回主催するシンポジウムの内容を決め、パネリストに交渉し会場や宿、車や弁当の手配をする。つまりイベント担当である。ますます記者から離れた。人事を命じた側は明らかに左遷《させん》を意図したのだ。

しかし、戦場で鍛《きた》えられた私はそれでくじけるほどヤワではない。新聞記者になったときからジャーナリストを目指してきた身だ。身の振り方を考えた。

新聞社に入ったからといって、ジャーナリストだと胸を張れるわけではない。そのままならマスコミ会社の会社員にすぎない。ジャーナリストならジャーナリストとして行動すべきだ。そう思った私は自分を「本業ジャーナリスト・副業会社員」と考えることにした。

社内でジャーナリストに直結する仕事に就いたときは他の記者の3倍くらい働こう。ジャーナリストからはずされたら、給料の最低分に見合うくらいの仕事にとどめ、休暇を最大限とって給料を取材費に当て、自分でジャーナリスト活動をしよう。いわば組織内のフリー・ジャーナリストだ。

会社に入っていつも自分が好きな仕事ができるわけではない。組織に入った以上、やりたくない職場に行かされることだってある。どうしても嫌なら辞職してフリー・ジャーナリストになればい い。だが、フリーと組織とは発信したときの影響力が違う。何よりも新聞社にいれば発表の場がある。フリーだと取材したものを発表するために営業活動しなければならない。そのために貴重な時間をとられてしまう。その差は大きい。ここはジャーナリストの初心を貫徹するためにも工夫が必要だ。

とりあえず新聞に記事が書けないのなら、雑誌や本に書けばいい。取材して知った事実を伝えるのがジャーナリストの目的であり、伝えるための手段は新聞だけではない。左遷されたおかげで自由な時間が手に入った。腰を据えて書くことができる。それをうまく使えばいい。

私は朝日新聞に入社する前、「ジプシー」と呼ばれた東欧のロマ民族を現地調査したことがある。朝日新聞の試験に受かったが、入社が決まると無性《むしょう》に旅をしたくなった。東大「ジプシー」調査探検隊を結成して産経新聞社の「アドベンチャー・プラン」に応募し、受かった。このため朝日新聞への入社を断って半年間、東欧を回った。翌年もう一度、朝日新聞の試験を受けてまた合格し、入社したのだ。川崎支局長をしながら、このときの調査旅行を『「ジプシー」の幌《ほろ》馬車を追った』という本に書いた。

フォーラム事務局に来ると、給料は大きく減ったが、替わりに自由な時間が大きく増えた。記者時代には取れなかった夏休みを取れるだけ取って、ベトナム旅行を計画した。出発の直前、たまたま出会った出版社の編集者にベトナム行きを話すと、その場で本にすることが決まった。大急ぎで取材計画を立てた。休みは飛んだが、好きなことをやるのだから苦にならない。旅の成果は『観光コースでないベトナム』というタイトルで出版された。

〈記者から話者へ〉

スペインから帰国してまもなく、近所のスタジオの若い支配人が私を訪ねてきた。ここで毎月1回、私の国際取材の体験を話してほしいと言う。普通の講演会ではなく、客が面白いと感じるトークショーにしたいという。ジャーナリストとしては活字にこだわる必要はない。面と向かって話せば臨場感《りんじょうかん》もある。記事を書くだけでなく口で話すのも発信だ。喜んで引き受けた。

題名は「奇聞総解（きぶんそうかい）」とした。日本の常識は世界の非常識だ。日本から見れば奇妙に見える世界の価値観も、聞いてみれば納得し、これまで疑問だったことが総じて理解でき、気分は爽快《そうかい》になる、というしゃれだ。

1993年9月の第1回のテーマは「特派員10年ダイジェスト」、続いて「燃える中南米」「カサブランカの白い太陽」……と続けた。取材経験を語ったり、そのときどきのニュースを解説したりした。

入場料は1000円だ。カネを払って入った客に退屈な思いはさせられない。どう語れば客の心に響くかを工夫した。今ならスクリーンに画像を映せばいいが、当時そんなものはない。ベルリンの壁の破片など現場で手に入れたグッズを舞台で見せ、観客と会話しながら話した。

最初の客は4～5人だったが、数カ月で二桁に達した。その後はどんどん増えて場所も変え、ついに100人を超えた。忙しくなって最後の頃は数か月おきになり、途中でアメリカ特派員に赴任したが結局、2009年9月に60歳になって朝日新聞社を定年退職するまで、16年にわたって65回やった。最終回は「記者生活35年」をテーマに、記者となってからのジャーナリスト人生を語った。すべての会に参加した人が一人いた。

人前で話しているうちに講演の勘所《かんどころ》がつかめた。話し上手にもなった。記者だけでなく「話者《わしゃ》」として通用するようになった。

現場の記者には、こんなことをする暇はない。どんな事件が起きるかわからないから予定が組めない。暇だからできることである。左遷という立場の利点をうまく使い、自分らしく活き活きと活動すればいいのだ。

並行して大東文化大学から声がかかって国際関係論を講義した。トークショーで鍛えた話術のため学生に人気が広がった。初年度は40人くらいだったが年を追って増え、最後は200人を超えた。そのあとは立教大学で教えた。ほかにもあちこちから講演の声がかかった。新聞を読むだけでは今の世界がわからないと思う人たちが講演会を組織してくれた。

書くのと話すのと、さほど違いはない。発信する手段が手か口かの違いだけで、伝える内容は同じだ。講演の多くは1時間から1時間半だ。あらかじめ話の流れを書いたA4の紙1枚のレジュメを用意した。話したい内容を5つの柱に分け、それぞれにいくつかの項目を入れる。これも本を書くときと同じだ。レジュメができたら時間配分を考えながら話せばいい。

実は、新聞記事を書く時も基本的に同じである。おおまかに①現在②過去③未来、の順で書いたり話したりすれば、すんなりと伝わる。今はこうなっている、そうなった背景はこうだ、これからはこう展開するだろう、という流れだ。

壇上に立った以上はプロだ。参加者が一人でも眠るなら、話者にとっては恥である。だれ一人眠るどころか、みんなが身を乗り出すような講演にしたいと工夫した。一方的に話すのでなく客席と対話することを心がけた。いわば市民参加型である。世界の市民運動を知ったことが、その背景にある。

4．市民社会を目指して

〈抵抗のメディア〉

フォーラム事務局での仕事はシンポジウムの裏方だが、シンポジウムそのものはジャーナリズムの一つの分野だ。新聞社が主催するだけにニュース性があるテーマを取り上げる。新聞では意見を聴きたい人にインタビューして記事を載せるが、シンポジウムなら当人が直接、壇上から語る。どんなテーマでだれをパネリストにするか、が問われる。

「希望の未来」をテーマにしたシンポジウムには、平和憲法を持つコスタリカのノーベル平和賞受賞者、オスカル・アリアス元大統領を招いた。成田空港に着いた彼を迎えに行き、さまざまな質問を投げかけたのが、その後のコスタリカ研究につながった。彼は壇上で「私の国は1948年に軍を廃止してから50年近く軍隊を持っていない。私たちにとって最も良い防衛手段は、防衛手段を持たないことだ」と語って喝采《かっさい》を浴びた。

対人地雷を禁止する国際条約を成立に導いてノーベル平和賞を受賞したアメリカの女性ジョディ・ウイリアムズさんも招いた。たくましい腕をした女性だ。インターネットを通じて世界の市民を組織し、各国の組織がそれぞれの国の政府に働きかけて条約に賛成する、今の時代らしい運動を創り上げた。

ところが当人はネットについての知識がほとんど無い。「ネットに詳しい友だちと組んでやった成果です」と話す。一人ですべてをこなすのではなく提案する人や技能を持った人たちが寄り合ったら大きな力になったという。ネット時代の新しい市民運動の見本だ。

デジタル時代のメディアを考えるシンポジウム「マルチメディア時代のジャーナリズム」では、フランスの『ルモンド・ディプロマテック』紙のイグナシオ・ラモネ編集長が登壇した。世界的な反グローバリズムの論客である。名前がスペイン的なのに興味を持って身の上を聞くと元はスペイン人で、内戦で親に連れられフランスに亡命した人だった。幼い時の苦労話を聴き、あらためて内戦の悲惨さを身近に感じた。

このシンポジウムには作家の大江健三郎氏もパネリストとなった。彼はニュー・メディア時代の「文体」へのこだわりを展開しつつ、締《し》めくくりにこう語った。「私がインターネットに期待するのは、国家・国際関係、あるいはこの惑星《わくせい》全体が、一つの権力の言葉におしひしがれる時の、抵抗のメディアが個人にありうる、ということにおいてです」。デジタルやアナログなど技術の言葉が飛び交う中、メディアは何のためにあるのかという本質を衝《つ》く言葉である。活字の世界で育ち活躍してきた文学者は、ネットの時代のさらに彼方を見すえていた。

〈市民の時代〉

阪神・淡路大震災が起きた1995年は、日本ボランティア元年と言われた。被災者の救援のため、全国各地から大勢の市民が自発的に現地に駆《か》けつけたからだ。同時にNGOやNPOの活動もこのときから急に活発になった。

当時、NGOとは何か、ほとんど知られていなかった。社長の声がかりでNGO・国際協力について研究するプロジェクト・チームが立ち上がった。社内の各部から7人が集められた。私もその一人だ。フォーラム事務局員のまま、実質的には2年ぶりに取材記者に返り咲いた。

私が担当したのはNPOで世界の最先端を行くアメリカと、日本のNGOとのつながりが深いアジアだ。まずアメリカのサンフランシスコに飛んだ。

この街がまさにNPOのメッカであることは、現地に来て実感した。NPOだけを取り扱った58ページもの分厚い月刊紙がある。米軍基地跡が壮大なNPOセンターになってNPOの50団体が事務所を置いている。NPOの名簿は電話帳のような分厚さだ。貧しいNPOを資金援助するNPOもある。

適切なガイドを探した。この町に住んで市民運動を研究している岡部一明さんに案内を頼み、めぼしいNPO、NGOを訪ねてまわった。

名高いNGOを訪れると、スタッフに若い日本女性がいた。小さな体で大柄なアメリカ人と堂々と渡り合っていたのは横浜出身の山田しらべさんだ。「短大を卒業したらOLをしてお嫁《よめ》さんになるのかなと思ってた」という。最初はごく普通の女の子だったのだ。短大の卒業前にアメリカを3週間旅行して、別の人生に目覚めた。日本の証券会社で3年半働いた資金でアメリカの大学に留学した。「不平等、不条理を見ると、人間として怒りを感じる」と今の仕事に生きがいを感じている。

市民運動をめぐる日本とアメリカの違いを聞くと、山田さんは「アメリカでは市民が社会活動をするのはごく普通のこと。日本では政治が自分たちの暮らしとかかわっているとは思われていない。何かあると政治や役所のせいにして文句を言うだけ。アメリカなら文句を言う前に、政治を変えようと行動する」と言う。社会に対する市民の姿勢が違うのだ

〈国境を超える市民〉

かつて「飢餓《きが》の島」と呼ばれたのがフィリピンのネグロス島だ。砂糖の生産に頼るこの島で農園主が生産を中止した。そのためサトウキビ畑で働く労働者は仕事がなくなり、食糧《しょくりょう》を買うカネがなくなった。自然が招いた天災ではなく、人間が起こした人災による飢餓である。

支援に入ったのはNGO、日本ネグロス・キャンペーン委員会だ。カネや物資を支援する欧米のNGOと違って、最初から「顔の見える援助」にこだわった。援助金を与えるだけでなく農民が自立できる仕組みを整えることが肝心だと考えた。日本の募金で農場を設立し、日本の農民が先生となって耕作の仕方を教えた。

成果が見えたときフィリピンの人々が「私たちもあなた方の役に立ちたい。平等な関係を築きたい」と言いだした。彼らがつくる無農薬のバナナを日本に輸入した。フィリピン側には現金収入が

入るし、日本側には安全なバナナが入る。最初は失敗続きだったが、やがて努力は実った。フィリピンにオルター・トレード・ネグロスという輸出の会社が作られ、日本のNGOも輸入品を受け入れる会社に発展した。

バナナ農民658人で組織する生産者協会が発足して5周年の記念集会が開かれた。農場に取材に行った私を迎えてくれたのは、チータ・タカタさんという小柄な女性の事務局長だ。名前に現れるように、夫は戦時中の日本兵のひ孫である。5年前は貧しくて1日に1食だったし、病気になっても医者にかかれなかった。1日に3食を食べられるよう5か年計画を立て、3年で達成した。そう語りながら突然、彼女は私の目の前で泣きだした。

極貧《ごくひん》の農家に生まれた彼女は、小さいときから親といっしょに地主の畑で働いた。地主の娘が自家用車で学校に通うのを見て、「あの人は人間だが、自分はそうじゃない」と思った。しかし今、自分たちの手で農場を経営して成功した。「しかも私たちに会うため、外国からあなた方がわざわざ来てくれる。いま初めて自分が人間だと感じた」。泣きながら、そう語った。彼女に人間であることを自覚させた、その一点だけをとっても、日本のNGOは大きな意義を持ったと言える。こうしたことを伝えるときが、ジャーナリストとしての喜びを感じるときでもある。

これを受けて「国境を超える市民」というシンポジウムを開いた。「国境なき医師団」など世界の主なNGOの代表を招いて、21世紀のNGOの姿を探った。壇上にはオルター・トレード・ネグロスの女性代表ノルマさんもいた。国境を超えて市民が手を携え、お互いに高め合いながらいっしょに社会を変えて行く時代だ。

5．弾圧されたら

〈ペルー人質事件〉

南米のペルーで１９９６年、左翼ゲリラが日本大使公邸《こうてい》を襲い、日本大使館員やペルー政府の要人を人質にした。日本大使公邸人質事件という。このとき私は外報部にいなかったので、記事を書かせてもらえなかった。新聞社も日本の会社で、組織は「縦割り」だ。部をはずれたら、いくら知識があっても活用されない。

その分、放送局から声がかかって、テレビのニュース番組で事件の背景やペルーの現状について解説をした。事件が起きた夜にテレビ朝日の「ニュースステーション」に出たのを始め、ＮＨＫ以外はすべてのキー局のテレビに出た。テレビやラジオの場合は短い時間に要点だけを押し込むように話さなければならない。新聞の記事を書くときは考える時間があるが、放送の場合はとっさの受け答えの能力を問われる。

朝日新聞社の英字紙「アサヒ・イブニング・ニュース」に事件を解説する記事を書いたのがきっかけで、朝日新聞の出版部門から緊急に本を書いてほしいと言われた。普通は単行本を出したあとで文庫本にするが、今回は需要が多そうなのでいきなり文庫本で出版すると言う。承知した。

緊急出版なのですぐに発表したいからと、その場で本の題名を決めた。『狙われる日本〜ペルー人質事件の深層』とした。この時点で、本の表紙につける帯の印刷が始まった。もはや書くしかない。できるだけ早く書いてほしいと言われたので、「1週間で書く」と宣言した。

年賀状を書き、大掃除をして、本を書き出したのは事件発生から12日後の12月30日正午だ。書き終えたのが1月6日の正午だった。ちょうど1週間で400字詰めの原稿用紙にして300枚を超す量を一気に書き上げた。

このときはもう原稿用紙に万年筆で書くのではなく、ワープロのキーをたたいた。睡眠は1日4時間で、あとの時間はすべてワープロに向かった。書き上がった原稿をその場でプリントして大学生の長男に読んでもらい、字句のおかしなところを修正しながら、同時に次の原稿を書いた。

本が出版された直後にNGOピースボートから、取材ツアーを出したいので参加者を率いて現地に行ってほしいという申し入れがあった。10人ほどの応募者に1回5時間の講習を5回やった。現に起きている問題の原因はもちろん、ペルーの歴史やスペイン語講座も含めた。現地ペルーでは日本大使公邸の現場に行っただけでなく、スラムなども訪ねて1週間ほど取材をした。

事件は最後に政府軍が公邸に突入して解決した。このとき人質や政府軍兵士、ゲリラ兵士の計17人が死亡した。私は平和解決が可能だったし、そうすべきだったとテレビで主張した。

この事件で活躍したのが共同通信の原田浩司カメラマンだ。政府軍が公邸の周囲を固めて遮断したため、公邸の中がどうなっているかまったくわからなかった。原田カメラマンは公邸に差し入れされる食糧のケースにゲリラあての手紙をしのばせ、内部の取材の許可を求めた。このため公邸の窓に「共同通信取材可」と書かれた紙が出され、原田カメラマンは中に入ることができた。

政府が制限しても独自に取材する方法を考え、実現にこぎつけたのはすばらしい。公邸を出たあと、彼は撮影した写真のフィルムを政府軍に没収されないよう靴下の中などに隠した。プロ魂と言えよう。

この事件で人質になった大使館員の中に私の友人がいた。第1章でペルーのスラムをいっしょにまわった小倉英敬さんだ。事件のあと日本政府は大使館員に事件について何も話すなと命じ、館員をすべて別の大使館に異動させた。

しばらくしてメキシコ大使館の一等書記官となった小倉さんから東京の私の自宅にファクスが入った。政府軍の武力解決に異議があり、外交官を辞職して事件の真相を話すことを決意したと言う。官僚といえばどんな無理でも上司の意向に従うのが普通だ。しかも一等書記官という高い地位である。現地採用の三等理事官からここまで上ったのだ。簡単に捨てられる地位ではない。

しかし、彼は地位を守るよりも事実を明らかにすることを優先した。人間としてとても勇気ある行動である。このような官僚がいたことを誇りに思う。彼が帰国した直後、私は大阪で会い真相を詳しく聞いた。それを含め『フジモリの悲劇』という本を書いた。

〈ハンギョレ新聞〉

ようやくフォーラム事務局から新聞に戻り外報部の勤務となったころ、朝日新聞の先輩で週刊誌『週刊金曜日』の編集委員をしている本多勝一《かついち》氏から電話を受けた。韓国の新聞『ハンギョレ』を取材して『週刊金曜日』に連載してほしいと言う。韓国が軍政から民主化した時代、『ＡＥＲＡ』の取材で訪れたおりに創刊の準備をしていた、あの新聞だ。社長から怒鳴られ、怒鳴り返したことを思い出す。新聞社をクビになった記者たちが集まって創刊してから12年たつ今、どうなっているだろうか。

まず『ハンギョレ』の東京特派員に会って創刊以来の歩みや社の機構について聞いた。また、『ハンギョレ』が創刊10周年を迎えた記念式に参加した朝日新聞の記者から、外から見た『ハンギョレ』の特徴を聞いた。韓国の市民運動に詳しく立教大学で韓国語を教えている教師に、事前の相手との連絡と通訳を頼んだ。創刊の中心となった韓国言論界の大物教授や最初の編集局長ら10人に面会の約束を取り付け、2日間かけて早朝から深夜まで次々に話を聞いた。とはいえ、これだけでは足りない。

後日、外報部長を説き伏せて『ハンギョレ』について新聞に書きたいと訴え、新聞の取材で再び韓国にわたった。3日かけて新たな人々にあたり、『ハンギョレ』について書かれた文献も調べた。膨大な資料を入手した。

記者が創刊した新聞社『ハンギョレ』の本社は要塞のような造りだ
（2000年、韓国の首都ソウルで）

ところが、新聞に記事を載せる段になって、デスクから断られた。私は、クビになった記者たちが集まって創刊した新聞社が韓国第4位の新聞社に成長したことがニュースだと思って伝えようとしたが、デスクは「ハンギョレの10年ならいいが、12年は中途半端なのでニュース性がない」と言う。おかしなことだが、これが新聞のニュース感覚である。「○○から10年」だといいが、それをはずれるといくら中身があってもダメだと言う。

一方、『週刊金曜日』の方は問題なく、取材した内容を10回にわたって連載した。毎回4ページで、1回が原稿用紙16枚分だ。かなりの分量である。力を入れて書いたし、何よりも『ハンギョレ』の記者たちのジャーナリストとして凛とした姿勢が評判を呼んだ。連載を読んだ岩波書店の編集者が本にしたいと提案し、このうち8回分を岩波ブックレット『たたかう新聞～「ハンギョレ」の12年』として出版した。

〈記事が差し止めに〉

このころ経済部出身の官僚のような人が社長に就任して会社全体がおかしくなった。彼は合理化を進め、社員の管理に勤務評定を採用した。毎年、年の始めと半ばに努力目標を出して、半年後に部長が査定することになった。その結果で次の任地を決め、成績が給料にはねかえる。こんなことをすれば記者は読者のためでなく、上司が気に入るような記事を書くようになる。

さらに驚いたのは、毎日30分ごとにどこで何をしたかを紙に書いて報告せよという。これには社員から怒りの声が出た。当時、世界的に民営化がブームとなっていたが、新聞社もその渦に巻き込まれたのだ。会社が記者を管理する傾向が厳しくなった。その流れで社会部が解体され、相対的に政治部と経済部の力が大きくなった。ここから朝日新聞は権威主義的な体質に変化し、息苦しくなった。

2000年3月のことだ。そのころ新聞に記者が自分の意見を書く「私の見方」というコーナーがあった。縦10センチ、幅が30センチ近くある大きな欄《らん》で、記者の顔写真入りである。私はこのコラムで「コスタリカの〝平和輸出〟」と題し、軍隊をなくした中南米のこの国にならって日本も平和憲法を活用しようと呼び掛ける記事を書いた。

「平和憲法を活用して積極的に海外の紛争や貧困をなくすことに尽くせば、私たちは日本人として、人間として世界に誇れるのではないか。憲法の活用、いわば「活憲《かっけん》」こそ私たちが取り組むべきことなのではないか」と書いた。私が主張している『活憲』を、このとき初めて提唱したのだ。

記事はデスクの目を通り、印刷の前の試し刷りもOKが出た。安心して自宅に帰ったところにデスクから電話が入った。「編集局次長が、この記事は載せられないと言っています」と言う。記事を差し止められたのだ。

こんなときは差し止めた上司と争うか、労働組合に訴えるか、泣き寝入りするかのどれかだ。しかし、私はそれよりも記事を紙面に載せたいと思った。2日後、社内で編集局次長に出くわしたさい、記事のどこが悪かったのかをやんわりと質問した。局次長はバツが悪そうに「いや、憲法について記者みんなが意見を言いだすときりがないし」と言った。「でも、意見を言うコラムですよ」と反論すると、「新聞だからニュース仕立てでないと……」と彼は言った。

私は「アドバイスありがとうございます。そうします」と言って、彼があっけにとられている間にその場を去った。元の記事の中でニュース性がある部分を前に入れ替えて、デスクに「編集局次長の指示通りに記事を書き変えた」と言って提出した。編集局次長はそれ以上は干渉せず、こんどはそのまま掲載された。

新聞社内で上司から圧力を受けて記事が載らなかった、という声をよく耳にする。私が新聞社にいて記事を「弾圧」されたのは、40年間でこれ1回だけだ。この局次長は人権問題の本を書いたことがあるリベラルな人で、後に編集の総責任者である主筆となった。そんな人が部下を弾圧する。根が真面目《まじめ》な人は管理職になると必要以上に部下を管理しようとしがちだ。『AERA』でもあったが、「和」を理由に目立つ記者をたたこうとするのだ。

パワハラやセクハラあるいは思想的な弾圧だと感じたときは、あきらめるのではなく、はねかえす努力をすべきだ。おかしいと思えば黙って従うのでなく主張してこそジャーナリストである。文字通りの弾圧のときは、ジャーナリズムの正論を主張すればいい。相手が本気で弾圧にかかるなら、私は対抗して社の前でハンストも辞さないと本気で思っていた。その気迫は相手に伝わる。

しかし、「弾圧」の多くは管理職が管理という立場からとった措置であることも多い。管理職を最初から敵視して争うのでなく、記事さえ載れば相手の顔を立ててやる度量も必要だ。

第4章

テロから平和の構築へ ―アメリカ

アメリカ特派員として赴任した直後に9・11のテロが起きた。急速に愛国化する社会に流されず、勇気ある行動をとる人々が政界にも映画界にもいた。アメリカに抵抗し自立するキューバや平和憲法を活用するコスタリカ、基地を返還させた「カリブの沖縄」も訪れた。

キューバ革命を率いたフィデル・カストロ
（2004年、ハバナで）

1．9・11の衝撃

〈アメリカ特派員〉

2001年9月1日付けで、私をアメリカのロサンゼルス支局長にするという辞令《じれい》が出た。3度目の特派員だ。最初の特派員が中南米で、2度目が中南米を植民地としたスペインだった。3度目は現代の中南米を政治・経済的に支配するアメリカだ。中南米をさまざまな角度から見ることができる。中南米をライフワークと考えた私には願ってもない、ありがたい任地だ。

特派員も3度目となれば不安はない。ロサンゼルス支局の持ち場はアメリカの西半分でハワイやアラスカも含む。ときにはアメリカに加えて中米、カリブ海地域も担当する。私はもちろんそう望んだ。活躍できる場は広い方がいい。

早めに赴任し、前任者と引き継ぎをしてすぐにハワイに飛んだ。アメリカの原子力潜水艦に衝突されて沈没した愛媛県の水産高校の実習船えひめ丸の引き揚げを取材するためだ。引き揚げ作業をするのはアメリカ海軍で、記者会見の場所はパール・ハーバーの米軍基地だ。

机上の説明はもどかしい。現場を見ようと思った。ハワイだけに遊覧《ゆうらん》飛行をするヘリコプターがある。ヘリをチャーターすれば海上から撮影できる。ヘリの会社に電話するとチャーター料金が異様なほど安い。飛行場に行くと蚊《か》トンボのような小さなヘリだ。しかも扉がない。空から撮影すると連絡したため、撮影しやすいように扉をはずしたと言う。

その親切心がうらめしい。私は高所恐怖症である。ヘリが飛びあがると足元は丸見えで、横の扉がない。体が空中に浮いているようで気が気でない。しかも沖合《おきあい》から吹きつける強風でヘリは左右に大きく揺れた。現場に行くと撮影しやすいように操縦士《そうじゅうし》が上空を急旋回する。私は空中に寝た形でカメラを構えた。頼りになるのは座席のベルトだけだ。怖いが、そんなことより撮影しなければ来たかいがない。

こんなときは「怖い」と考えることを止め、逆に楽しいと無理やり自分に言い聞かせる。ハワイの海を上空から楽しめるなんて幸せだ、と。中南米時代には船酔《ふなよ》い体質なのに捕鯨船《ほげいせん》のルポルタージュを書こうと、キャッチャーボートに乗って大揺れの海でカメラを構えた。危険な場所をまわっているうちに、感情をある程度はコントロールできるようになった。

引き揚げ作業が一段落したのでロサンゼルスに戻り、ホテルに入った。さて、明日から家を探さなければならない。自動車も買って免許をとらないと……と思いながら寝た翌朝だ。午前6時に枕元の電話が鳴った。

〈9・11テロ勃発〉

電話してきたのは支局の助手マイケルだ。興奮した口調で「テレビ、テレビ」と叫ぶ。寝ぼけまなこでテレビをつけると、高層ビルに飛行機が突っ込む映像が現れた。「なぜこんな早朝にドラマを見なければならないんだ」といぶかった。しばらく画面を見ているうちにテロと気付いた。ニューヨークで朝9時に起きたテロだが、ロサンゼルスは時差が3時間あるので午前6時だったのだ。

すぐに着替えて市の中心部のビルの9階にある朝日新聞ロサンゼルス支局に走った。テレビをつけると世界貿易センターのビルが煙を上げている。アッと思った瞬間、音もなく崩れ始めた。信じられない思いで画面を見つめた。

ふと窓から外の光景を見た。そこにも信じられない光景があった。この日は火曜である。支局があるのはロサンゼルス中心部の金融街《きんゆうがい》だ。ふだんなら通勤の人々でごった返す時間なのに、窓から見下ろす街には人っ子一人、車1台、通らない。動きがまったくない。街が死んだように思えた。アメリカ西海岸で最大の町が、たった今、ゴーストタウンになっている。

デマのせいだった。ニューヨークと同じテロがロサンゼルスで起き、最も高いビルに飛行機が突っ込むというデマだ。ロサンゼルスで最も高いビルは支局の目の前にそびえている。このうわさのため人々は市の中心部に近寄ろうとしない。あそこに飛行機が間もなく突っ込むかもしれない、と思いながらビルを見つめた。

アメリカのテレビは討論番組が多い。この日の討論のテーマはテロに変わった。壇上の市民20人ほどが次々に意見を述べる。その多くは「アメリカが世界で憎まれることをしてきた報いだ。このさい、アメリカの外交を考え直そう」という意見だった。翌日の新聞にはスーザン・ソンタグらリベラルな論客が同じような主張を展開した。アメリカ人ってなかなか謙虚だと私は感心した。

ところが2、3日たつと、様子はがらりと変わった。

テロリストには仕返しあるのみ、という主張ばかりが新聞に載った。テレビをつけると警察官や消防士などの制服を着た人が次々に画面に出て、星条旗を背に愛国歌を歌う。それが1日中続いた。

「カミカゼ」と言う言葉がしきりにテレビに流れた。飛行機を使った自殺覚悟の攻撃が戦時中の日本軍を連想させたのだ。

街には星条旗があふれた。ビルも民家も入り口や窓は国旗だらけ。街を走る車はすべて星条旗の小旗をつけている。たった3日で、一挙に愛国社会に変わった。当時のブッシュ大統領は人望がなかったが、今は大統領に結集しよう、政権を批判するのは非国民だという空気が広がった。民主主義の牙城のアメリカでさえ、たった3日で愛国社会に変わる。日本ならあっという間に戦前の「ものの言えぬ社会」に戻ってしまうだろうと慄然《りつぜん》とした。

このとき冷静に調べたことがある。街を走る車がすべて国旗をつけているとアメリカのメディアは言ったし、私の目にもそう見えた。でも本当に「すべて」なのか、疑問に思った。ロサンゼルス中心部の交差点に立って、前を走る車を30分、国旗をつけている車とそうでないのとに分けて数えた。場所を変え、時間帯を変えて数えた。

いつどこで数えても数字はピタリと一致していた。国旗をつけていたのは街を走る車の11%から13%の間だった。目には「すべて」のように見えるが、実際は1割余りなのだ。こうした実証的な観察から、後に「社会を変える15%の法則」を導き出した。13%ですべてに見えるのなら、15%の人々がいっせいに行動すれば社会を変えることができると思った。

〈恐怖社会に〉

テロをきっかけにアメリカ人の表情が変わった。傲慢《ごうまん》で他人を見下すような顔つきだった人々が、いつテロが起きるかと不安でおどおどした目つきになった。無理もないことで実際にテロ騒ぎが続いたのだ。空港は空前の警戒態勢に入った。それがあまりに過敏だった。

機内預け荷物のX線検査で渦巻き状の不審物が見つかった。中身を確かめる前に警報が鳴り、空港にいた全員に避難命令が出た。数千人もの人々がビルから外になだれをうって逃げる。ロサンゼルス警察の特殊部隊が出動し、宇宙服のような防護服を着た捜査員がロボットの遠隔操作で荷物を開けた。

不審物は蚊取り線香《せんこう》だった。冗談《じょうだん》のようだが、実際にあったのだ。こんなことがあるたびに私の携帯が鳴り、そのたびに車で空港に駆け付けた。それが週に1回の割で1年近く続いた。

飛行機に乗っていたイラン人がトイレで喫煙したのを乗務員がとがめたが、注意の仕方が高飛車《たかびしゃ》だった。イラン人が「そんな風だからテロが起きる」と言うと、テロリストと誤解された。戦闘機2機が出動して旅客機を挟む形で強制着陸させ、空港警察がイラン人に銃を突き付けた。

もっと身近で深刻だったのは白い粉の恐怖だ。炭疽菌《たんそきん》という病原菌が郵送され、触った人は死んでしまう。実際に米議会に送られて犠牲者が出た。社会はパニックに陥った。どこの家にも郵便は届くからだ。市民は怖くて封筒を開けられなくなった。

支局の助手がある日、ピンセットで封筒をつまんで持ってきた。「不審な郵便物で炭疽菌が入っているかもしれない。封筒に触ったら体調がおかしいので病院に行きたい」と言う。封筒を手に取って透かして見ると紙が1枚入っているだけだ。封を破って中の手紙を見せたが、助手の顔はなお引きつっている。この助手は名門大学を出たインテリだ。それがいとも簡単に恐怖に駆られる。

地方の町を走っていた路線バスの座席に白い粉が入ったビニール袋が見つかった。一帯の住民が避難したうえで検査すると、乗客が置き忘れた砂糖だった。こんなバカバカしいことが日常的にアメリカのどこかで起きた。そのたびに振り回された。

〈ヘイトクライム〉

政府はテロリストを探すという名目で市民の電話を盗聴《とうちょう》し始めた。私の電話も盗聴された。テロが起きたとき家も決まっておらず、1か月くらい支局に泊まり込んだ。何か起きたらすぐに対応するためだ。支局に近いマンションに「空き部屋あり」という貼り紙を見て、その場で契約した。

自宅に電話を引いてしばらくしたころ通話がおかしくなった。受話器をとると金属音が聞こえる。つながるまで数秒かかり、話している最中もカシャカシャと音が聞こえる。ははあ、盗聴されているなと思った。ある日、東京の本社と話しているとき「この電話、実は盗聴されてるんだよ。電話を盗聴してる人、僕の話なんて盗聴しても意味がないからね」と言ったとたん、切れてしまった。まだ話し中なのに。

盗聴にしては稚拙《ちせつ》だ。ここで切ってしまえば盗聴していることを自白するようなものだ。盗聴している人が日本語を理解していることも、これでわかった。

当局は日本人を盗聴する前にアラブ系の人々やロシア系、中国系の市民を盗聴しただろう。とてつもなく大勢の人々を盗聴しているはずだ。盗聴係は少なくも数千人は必要だろう。その費用だけでも大変な額になる。

そうした中で起きたのがヘイトクライム（憎《ぞう》悪《お》犯罪）だ。テロを起こしたのが中東の人々だとわかると、市民の怒りはアメリカに住む中東系の人々に向けられた。ベールをかぶった女性が殴《なぐ》られ、イスラム教のモスクに石が投げられた。

ロサンゼルスの雑貨屋に白人の若者が押し入り、エジプト人の店主を銃で撃ち殺した。現場で周囲の人々から聴《き》くと、この店主はエジプトで大学教授をしていた人だ。アメリカに移住したが就職先がなく雑貨店を開いた。イスラム教徒ではなくキリスト教徒で、もちろんテロとは何の関係もないのに殺された。

恐ろしい社会である。たった1回のテロのため、社会全体が狂気に陥った。

2. 立ち上がる市民

テロへの武力報復とヘイトクライムに反対し平和を求める学生の集会
（2001 年、バークレーで）

〈民主主義の土壌〉

テロに仕返しをしようという声が渦巻く中、サンフランシスコに近いカリフォルニア大学バークレー校で平和解決を訴える集会が開かれた。飛行機で1時間かけて現場に行くと、「悲劇を戦争に変えるな」という横断幕を前に2000人が集まっている。学生と職員が核になり地域の住民も巻き込んだ。プラカードには「平和こそ究極の正義だ」と書いてある。

参加者は腕に緑色の布を巻いていた。緑は平和の象徴であり、アラブを象徴する色でもある。テロで迫害されているアラブ系アメリカ人に連帯する意味を込めた。

NGOの代表が壇上に立った。見覚えがあると思ったら、NGOの取材のさいに会った人だ。彼は「アメリカの旗が揚《あ》がれば、世界のどこかで人が死ぬ。地球はアメリカだけのものではない」と訴えた。続いて女子学生が「アメリカが憎まれる理由こそ考えるべきだ」と語った。

そこに「USA! USA!」と声を張り上げ、大きな星条旗を掲げた20人ほどの右派の学生がやってきた。集会の参加者が「ストップ・ザ・ウオー（戦争をやめよ）」と大声でやりかえす。乱闘になるかと思ったら集会を主催した中国系の学生がマイクで「静かに意見を聴くのが民主主義だ。君たちもこの集会に入ってくれ」と語った。すると右派の学生たちは素直にその場に座り込み、その後の意見に耳を傾けた。

さすが民主主義の国だ。日本なら「帰れ、帰れ！」の大合唱になっただろう。感情的になるのでなく互いに意見を交わそうとする。この姿勢が日本には足りない。学ぶべきだと思った。

ヘイトクライムに立ち上がった人々はほかにもいた。学校でいじめられるアラブ系の子どもたちのため付き添い運動を始めたのは日系人だ。第2次大戦中のアメリカで強制収容所に入れられた記憶が今も残っている。

サンフランシスコに本部を置く日系市民協会はヘイトクライムが起きた翌日に「スケープゴートをつくりだすな」という声明を出した。アラブ系市民と連帯する夕べを開くと、500人が集まった。「いまこそ市民の自由を擁護しよう」と日系人たちは提唱した。子どもの時に収容された女性は「肌の色や宗教を理由にした偏見に対して、私たちは反論する義務がある」と訴えた。思ったらすぐに立ち上がるところがアメリカだ。日系人もアメリカに住めばそういう意識になっていた。

〈たった一人の反乱〉

テロの直後、ブッシュ大統領は戦争する権限を大統領に一任する「戦争法」を議会に出した。テロの首謀者《しゅぼうしゃ》がわかればすぐに攻撃するためだ。本来なら大統領が戦争したくても議会が賛成しないと軍隊を動かせない。その手続きを省こうとした。

アメリカの議会は上院と下院がある。上院は満場一致で承認したが、下院ではたった一人だけ反対した議員がいた。アフリカ系で女性のバーバラ・リー議員だ。周囲の空気に染まることなく自分の意志を貫いた。

カリフォルニア州にある彼女の事務所を訪れると、全米各地から彼女への非難が殺到していた。「裏切り者、非国民！」「今すぐ議員をやめろ、アメリカ人をやめて国から出て行け！」など。予想していたものの、はるかにひどい反応だ。暗殺の脅迫もあった。一方で、「よくやった」と称賛する言葉も寄せられていた。

その彼女自身が、反対した理由を説明する集会をロサンゼルスで開くという。会場に行くと200人で埋まっていた。この中には銃を持っている人がいるかもしれない。入り口で身体検査はなかった。演説中に彼女が撃たれても世論は冷ややかだろう。やがて登壇した彼女は、静かな口調で淡々と投票の日の自分の行動を話した。

あの日、彼女は投票前にアメリカの憲法を読みなおした。憲法が議員に何を求めているか、の観点からだ。憲法は大統領の行動を監視《かんし》する役割を議員に課している。このとき頭にベトナム戦争が浮かんだ。泥沼の戦争に陥ったきっかけは、トンキン湾事件でアメリカの軍艦《ぐんかん》が攻撃されたと、政府がウソをついたことだった。

「歴代の政府が正しいことばかりやってきたでしょうか？　いいえ、違います」と彼女は言った。そして「今回も当時と同じような状況になっている。あのとき議会が大統領をきちんと監視して政府のウソを見抜いていたら、5万8千人のアメリカ人が戦場で死ぬ事態にはならなかった。今こそベトナム戦争の教訓に学ぶべきです。大統領にすべてを一任することは議会の責任を放棄することです」。そう言った彼女が「私は確信を持って反対の1票を投じました」と述べたとたん、聴いていた200人はいっせいに立ち上がって拍手した。

一番後ろで立って聞いていた私はその瞬間、考えるよりも早く壇に向かって駆け出していた。壇の下から声を張り上げ、彼女に質問した。「なぜ反対票を入れたのかは今の説明で納得しました。

でも、今の状況で反対することは人間としてとても勇気ある行動だと思う。あなたの勇気の源《みなもと》は何ですか」と。彼女は演壇から身を乗り出して答えた。「私はあえて勇気を出したのではありません。憲法に沿った行動をしただけです」と。その記事を送ると紙面に大きく載った。

1年後、彼女は改選の時期を迎えた。「たった一人の反対」のさい、彼女はもう二度と選挙に立候補できないと言われた。それがなんと80％の得票で圧勝した。結果が信じられず、しばらく呆然《ぼうぜん》とした。

日本に記事を送ったあとで考えた。人間、どんな苦境にあっても、信念を貫く者は強い。そして信念の理由を周囲に語ることで、社会を変えることができる。くじけそうになったら、バーバラ・リー議員を思い起こしてほしい。彼女のことは著書『一人の声が世界を変えた』に詳しく書いた。

〈憲法を盾に〉

憲法を盾《たて》に主張したのはバーバラ・リー議員だけではない。テロリストを探すため連邦捜査局《れんぽうそうさきょく》（FBI）の職員が全米に散り、カリフォルニア州の警察署を訪れて市民の電話を盗聴する際の協力を求めた。署長は「警察の役割は市民の安全を守ることだ。電話を盗聴されたら市民は不安に陥る。それは合衆国憲法が規定している基本的人権に反する。憲法違反に警察は協力できない」ときっぱりと拒否したという。骨のある署長だ。

連邦警察は図書館でテロに関わる本を借りた人物を探そうとした。しかし、全米図書館協会はプライバシーの侵害だとして協力を断った。テロのさなかでもアメリカの民主主義は生きていた。もちろん連邦警察に従った人々や機関は多い。でも、自分の頭で憲法に照らし合わせて考える市民がいたのは、さすがだ。危機に陥ったときの対応で、その社会の在りようが見えてくる。

アフガニスタン爆撃からイラク戦争に突入しようとしたとき、アメリカ全土でイラク戦争反対の一斉デモが起きた。ニューヨークは38万人、ロサンゼルスは10万人、サンフランシスコは市の人口の3分の1に当たる25万人が参加した。戦争が起きる前に反戦デモが起きたのはアメリカの歴史上、これが初めてである。

ロサンゼルスのデモの出発点に行くために地下鉄に乗ると、車内はプラカードを持った人で埋まっていた。みんな手作りのプラカードを持って参加している。10万人の参加者がいれば10万の主張がある。それぞれが形も中身も違う色とりどりのプラカードを掲げて歩く。それを見ようと沿道に市民が集まる。プラカードを見て興味を持った人が議論しようと寄ってくる。プラカードを持っている人は歩くから、寄ってきた人も歩く。こうしてデモが膨《ふく》らむ。

ここが日本と違う点だ。日本のよくあるデモは主張が一つしかない。横断幕を持ち、のぼりを立ててシュプレヒコールの号令で全員が同じ言葉を叫び、エイエイオーとこぶしを振り上げる。世界に慣れた目から見れば「危ない集団」である。一般市民は怖がって寄り着こうとしない。もちろん日本には日本の慣例があるが、賛同者を増やしたいならやり方を考えるべきだ。

イラク戦争が始まると戦場に行くのを拒否する反戦兵士が続出した。反戦将校もいた。その最初は日系人だ。アーレン・ワタダ中尉《ちゅうい》である。彼は9・11のテロを機に軍人になった。イラク派遣《はけん》を命じられたとき早く戦場に行きたいと思った。その前にイラクで何が起きているかインターネットで調べ、アメリカ軍が市民をむやみに殺していることを知った。同僚に相談すると「軍人になったときに宣誓《せんせい》したのだから、黙って大統領に従えばいい」と言われた。彼は「私が宣誓したのはアメリカ合衆国憲法だ。イラク戦争は憲法が認める正しい戦争ではない」と言った。軍法会議でも堂々とその主張を述べ、罪にはならず除隊しただけですんだ。こんな人々が民主主義を支えている。

こうした風潮の中、新聞がイラクで戦死した兵士の顔写真を一挙に掲載した。これまで「死者○人」と数字で語られるだけだったのが、具体的な人間として目に見えた。その効果は大きく、急速に反戦気分が広がった。

3. 発言するハリウッド

〈成功よりプライドを〉

ロサンゼルスの一角に映画の町ハリウッドがある。代表的なスターの一人がダスティン・ホフマン氏だ。映画『卒業』でデビューし、自閉症《じへいしょう》をテーマにした『レインマン』などに主演した。新作映画が日本で上映されるのを機に、彼にインタビューしたのは2003年、イラク戦争の真最中だった。

インタビューするとき、私はその前に必ず本人についてできる限り調べる。新聞のデータベースを探し図書館の本を読み、当人を知っている人から情報を聞く。知識を持っていないときちんとした質問ができないし、相手の答の何がニュースかを判断することもできない。

事前の調べで思いがけない話を耳にした。彼が初めて来日したとき、空港で２００人の日本の記者やカメラマンを前に「私はあなた方に原爆を落とした国から来ました。申し訳ありませんでした」と深々と頭を下げたという。聞いたことがなかった。当時の新聞を探したが、どの新聞にも載っていない。インタビューでは最初にそれを聞いた。「本当ですか？」と。

彼は一瞬、驚いた顔をした。新作映画の質問を受けるだけと思っていたのだ。そして勢い込んで言った。「原爆だけじゃない。アメリカ軍は日本全国に爆弾を落として街を焼き払い、市民を虐殺した。今もイラクを爆撃している。新聞には米軍の兵士が何人死んだという記事が載るが、イラク人の市民の死者は載せない」とまくしたてた。さらに「テロを引き起こす人々の絶望的な気持ちを我々は理解しなければならない」と語った。

日本の映画俳優《はいゆう》は人気を失うことを恐れて政治の話をしたがらないが、アメリカの映画人はズバリと発言する。アメリカがまだ愛国主義で凝《こ》り固まっていた中で、彼は世間とは違う自分の意見をはっきりと公言した。勇気ある人だ。

俳優になった動機を聞いた。彼は「ほかに何もできなかったからだ」と、思いがけない言葉を口にした。背が低く顔も不細工で女の子にもてず、ユダヤ人なので差別され物覚えが悪くて高校は落第寸前だった……と言う。身長を聞くと１６３センチで私と同じだ。その場で立って並んで確かめた。でも、劣等感がなぜ俳優につながるのか？

「何のとりえもなかったけど、プライドだけはあった。能力がないので何をしても成功できないと思った。俳優なら成功しなくても当たり前だ」と言う。

物覚えが悪い人がなぜ、せりふを覚えなくてはならない俳優になれたのか。それはひとえに努力の成果だ。最初に目指したのはニューヨークの舞台俳優だ。貧乏なため公園でホームレスをした。やがて俳優を目指す仲間（ジーン・ハックマン）のアパートにころがりこみ、台所の片隅で寝た。通行人の役をつかむのが精いっぱいだったが、どんな端役《はやく》でも懸命にこなした。たまたま彼が出た舞台を観た映画監督が渾身《こんしん》の演技に目を留めた。そこで抜擢《ばってき》されたのが映画『卒業』の主役だ。

最初はまったく自信がなかったという彼に、私は「そうは言っても心の中では、いつか大俳優になれると思っていたでしょう」と水を向けた。すると彼はすごい形相でいきなり立ち上がり、「ネバー、ネバー、ネバー（けっしてそんなことはない）」を連発した。そして私がメモしていた紙をひったくって私の目の前に突き付けて叫んだ。

「あのころ神様が天から紙を差し出して『これは契約書だ。サインしたら京都の場末の劇場に端役として一生採用してやる』と言ってくれたら、私はたちどころに署名しただろう。成功するなんてつゆほども思っていなかった」

最後に彼は言った。「人生で一番大切なのは、自分が情熱をもてることをやることだ。成功することよりも、その方が大事だ」と。

インタビューの最初は2メートル離れて椅子に座って向き合っていたが、終わったときは膝《ひざ》がこすりあうくらいに近寄っていた。最後は立ち上がってハイタッチをした。インタビューしてくれてありがとう、と言われた。

インタビューで大切なのは相手の本音を引き出すことだ。聞かれた当人が予想もしなかった展開になり自分をあらためて見返すことになれば、当人もインタビューに応じて良かったと思うのだ。
それにしても、彼の言葉は刺激的だ。人間、運がないと嘆くより、運をつかむよう励むことが大切だ。人間としての誇りを持ち、輝く人生を送ろうと努力すれば、いつか機会をつかむことができる。これを読んでいるあなたも、凛《りん》として生きてほしい。

〈体当たりする映画監督〉

カメラをかついで突撃撮影する風変わりな映画監督《かんとく》マイケル・ムーア。彼は愛国社会の空気に逆らう映画を作った。ブッシュ大統領一族と取り巻きを風刺する『華氏《かし》911』だ。イラクと戦争をすべきだと言う議員を追いまわして「自分の息子を戦場に送らないのか」と詰め寄った。

配給会社はディズニーの子会社だった。ブッシュ政権を支持するディズニーは、この映画の配給を拒否するよう指示した。表現の自由よりも政権におもねる方を選んだのだ。配給の権利が売られて、ようやく人々は映画を見ることができた。アメリカはもちろん全世界で大ヒットし、カンヌ国際映画祭では最高賞を得た。

ムーア監督はアメリカの非人間的な社会を告発する作品を次々に世に出した。『シッコ』ではアメリカに保険制度がないため、けがをしても治療してもらえない市民の悲劇を描いた。テロで倒壊したビルから被災者を救出した人々が健康を害しても、政府はなんの面倒もみない。監督はこうした人々を船に乗せて治療費が無料のキューバに連れて行った。映画の最後で問いかけた。「人はみな、同じ船に乗った客だ。助け合うべきじゃないか」

その後も『キャピタリズム』で資本主義をテーマに取り上げた。そのとき訪日して開いた記者会見には私も出た。野球帽をかぶり相撲取りのような巨体のムーア監督は、弱肉強食のアメリカの資本主義を激しく批判した。そして日本流の資本主義を称えた。「かつての日本では、雇った人をクビにするのは会社の恥だと考えたと聞いた。今の日本はアメリカ流の資本主義に変わってしまった。どうか昔の日本に帰ってくれ」。45分間、しゃべりまくった。

2018年にムーア監督が出した映画が『華氏119』だ。11月9日は大統領選でトランプ氏の勝利が発表された日付である。民主主義のアメリカでなぜ独裁的な人物がリーダーに選ばれたのかを描いた。「民が黙れば民主主義は消える」と彼は映画の中で主張した。

一連の作品と果敢な創作姿勢を見ると、ムーア監督の存在自体がジャーナリズムであると言えよう。そう、何も新聞や放送だけがジャーナリズムではない。訴え主張する場所や手段はいくらでもある。社会の変革のためにメディアを使って活動する人がジャーナリストなのだ。

〈スピルバーグ監督の月〉

『ジョーズ』や『E．T．』など話題作を次々に出したスティーブン・スピルバーグ監督をユニバーサル・スタジオに訪ねた。まず聴きたかったのは、彼の映画に月がよく出る理由だ。彼の映画制作会社ドリームワークスのロゴは三日月に腰をかけた少年が釣りをする姿だし、『E．T．』では満月を背景に自転車が飛ぶ有名な場面がある。

スピルバーグ監督は、ロゴについて「少年は私自身だ。アイデアやインスピレーションを釣《つ》っているんだ」と話した。月について「月はロマンチックだし、月の満ち欠けは人間の体に影響して感情や意欲を左右する。人は月に願いをかける」と語る。

月への強い思い入れは幼い記憶にあった。彼もユダヤ系で子どものころ同級生からいじめられた。学習障害があり、読み書きの能力に欠けていた。家庭環境も恵まれず、小さいころに両親が離婚した。仕事から帰ってくる父親を待ちながら、妹と二人で寝室の窓から月をじっと眺めていた。月を見ていると、たくさんの物語が頭に浮かんだという。

彼の発言に何度も出てきたのは「夢」だ。「子どものころは空を飛ぶ夢をよく見た。夢は生活の糧《かて》だ」「私の映画のテーマは夢だ。いい夢であれ悪い夢であれ」。その夢を自らかなえたのだ。12歳で映画監督をめざし、大学2年のときにハリウッドの会社と契約した。

このとき大学を中退したことを後々まで悔やんだ。「父は貧しい中で私を大学まで行かせてくれた。私が中退した時、父は怒った。それがこの30年、忘れられなかった。親に感謝するためもう一度大学に入り直してきちんと卒業するのが長年の私の夢だった」。そう考えてかつて中退した大学に入り直し、中退してから34年後に学位を取って卒業した。

日本の若者へのメッセージを求めた。「夢を持ち続けることだ。あなたは夢あっての存在だ。夢が実現するとき、あなたも自己実現する」と彼は語った。

そのスピルバーグ監督が「威厳《いげん》に満ちた道徳的な生き方だった」と追悼したのが大俳優グレゴリー・ペックだ。『ローマの休日』で一世を風靡《ふうび》した。2003年に亡くなった彼の葬儀がロサンゼルスで行われたので、私は駆け付けた。

彼の父は貧しい薬局店主だった。6歳の時に両親が離婚した。夜警のアルバイトをしながら高校に通い、皿洗いや寮の掃除をして学資を稼ぎながら大学の医学部に通った。シナリオを読んで共感できる配役しか引き受けなかった。選んだのは社会正義や人種の平等などを描いた作品だ。アメリカの映画で最大の傑作《けっさく》と言われる『アラバマ物語』では、主役の弁護士を演じた。実生活も映画そのままだった。フランスの社会派女性記者と再婚し、地域の福祉など社会活動に励み、「アメリカの良心」を体現した。

アメリカの社会に映画の存在は大きい。こうした映画人の存在そのものがアメリカ社会を代表するかのようだ。

4. したたかな小国

〈超大国に抵抗するキューバ〉

ロサンゼルス支局の持ち場にはカリブ海も含まれる。その要に位置するキューバは、超大国アメリカのすぐそばでアメリカに抵抗する特異な存在だ。アメリカの南端からキューバまで直線距離でざっと東京から静岡まで、あるいは大阪から岡山までの距離にすぎない。ベトナムやイラクまで攻めたアメリカだから、キューバに攻め込むのは簡単だ。しかし1959年のキューバ革命から今日まで、アメリカは侵略できなかった。大国の日本でさえアメリカの言いなりなのに、超大国に逆らう小国キューバっていったいどんな国だろうか。

アメリカがキューバとの国交の断絶を宣言したのは1961年だ。2015年にようやく国交を回復した。しかし、その兆候《ちょうこう》は10年以上も前にあった。国交断絶、経済封鎖と言いながら陰で両国は「貿易」をしていたのだ！

2001年の9・11テロの直後、ハリケーンがキューバを襲って農作物に大きな被害が出たとき、アメリカはキューバに食糧援助を申し出た。中東を敵にまわした時期だけに足元の中南米の歓《かん》心《しん》を得ようと考えたのだ。

キューバのカストロ議長は「わが国を経済封鎖する国から援助は受けない。だが、せっかく用意されているなら買おう」と言った。食糧を積んだ船が港に入ると、キューバは代金を払った。アメリカ側はあくまで「支援」と強調したが、客観的にはこれで「貿易」が成立した。

喜んだのがアメリカの農産物業者だ。大豆や鶏肉などを輸出したいが、中南米の多くの国は代金を払わない。キューバは現金で払う。空白だった1千万人の市場が新たに生まれた。アメリカ政府の意図を通り越して、アメリカの業者がキューバに農産物をどんどん送るようになった。こうして実質的な貿易が10年以上続いた。国交回復は事実上、2001年に始まっていたのだ。

援助を貿易に変えるところにキューバのしたたかさが見える。この国は何度もピンチを迎え、そのたびにチャンスに変えてきた。最大の支援国だったソ連が1991年に崩壊したとき、キューバは亡びると言われた。ところが貿易の相手をヨーロッパと中国にさっと切り替え、ほんの3年で黒字を取り戻した。ソ連から化学肥料が入らなくなると、政府は国民に有機農業を奨励した。今やキューバは世界的な有機農業の大国に成長した。

日本はアメリカの機嫌を損じると生きていけないと信じている。キューバとは大違いだ。大国の奴隷にはならないという自立の意志とプライドが、小国のキューバにはある。

それができる理由は何だろうか。キューバに行くと、国民の陽気さに驚く。朝から音楽が流れ、どこかで誰かが歌っている。昼間の街角では小さなレストランでも市民のバンドが演奏する。ラテンの楽天性としたたかさ、そして根底に流れる自立の意志。それが最も典型的に現れているのがキューバだ。

〈憲法を活かすコスタリカ〉

コスタリカは日本に次いで世界で2番目に平和憲法をつくった。そして日本と違って、本当に軍隊をなくした。国を守るのは警察と国境警備隊だけで、文字通りの専守防衛《せんしゅぼうえい》である。軍艦はなくボートだけ、戦闘機もなくセスナ機だ。軍隊がなくて国が守れるわけがないと日本でよく言われるが、この国は1949年から今まで軍隊なく現に平和を保ってきた。

1986年に就任したアリアス大統領は近隣の3つの国の内戦を終わらせてノーベル平和賞を受賞した。この国のモットーは「平和の輸出」と「だれも排除しない」だ。人口が400万人だったとき、隣国のニカラグアから難民100万人を受け入れた。アメリカやヨーロッパ諸国が難民を追い出す時代に、これだけの難民を受け入れたのは尊敬に値する。

2002年の大統領選挙を取材に行った。投票所に行くと中学2年の少女が私を有権者と勘違いして呼び止めた。「もう誰に投票するか決めましたか？　もし、まだなら、ぜひ私の推薦《すいせん》する人に投票してください」。中学生が自発的に選挙ボランティアをする。日本では若者の政治意識の低さが問題だが、コスタリカでは選挙権を持たない少年や少女の政治意識がすこぶる高い。

その理由は取材を重ねるうちにわかった。この国では4年に1度の大統領選挙のたびに幼稚園児を含む子どもたちが模擬《もぎ》投票をする。国が作った大量の教材を使い、民主主義とは何かを小学生からきっちりと教えている。児童会選挙のさいに国の大統領選挙と同じように子どもが自分の政党を組織し、公約を主張する。それをもとに子どもたちが投票するのだ。

ふだんから政治について子ども同士、子どもと親がちゃんと討論をする。授業は子どもが討論しながら進める。民主主義が形式ではなく生活に根づいている。ここが日本と違う点だ。

平和憲法を活用するコスタリカを見て日本の社会に「活憲《かっけん》」を訴えていた私は、ますます意を強くした。コスタリカにできるなら、日本だってやれるのではないか。

〈基地を追い出したカリブの沖縄〉

カリブ海にある米国の自治領プエルトリコのビエケス島は、かつて「カリブの沖縄」と呼ばれた。島の3分の2が米軍基地だったからだ。住民の反対運動が実って基地が撤退した2003年、私はこの島に取材に行った。

この島の受け持ちはニューヨーク支局だが、彼らはこの島を取材しようとしなかった。私は沖縄の基地の未来を探るうえでこの島の取材が必要だと思ったから、ことわりを入れて他の支局の縄張りに入った。

訪れたとき基地を取り巻く金網がまだ残り、白い木の十字架が５０本ほど立っていた。劣化ウラン弾や枯《かれ》葉《は》剤など、米軍が新たに開発した爆弾が最初に投下実験されたのがこの島だ。十字架にはがんなどの病気や誤爆など基地による被害で亡くなった人の名が書いてある。「ノーモア爆弾」「われわれの子を殺すのをやめよ」と書いた看板もある。

反基地闘争で逮捕され４カ月間投獄されていた２７歳の若者が釈放された。１００人を超える島民が彼を迎えて歓迎集会を開いた。舞台には「自由ビエケス」の大看板がある。がんで亡くなった赤ん坊を描いた絵のそばに「ビエケスのために平和と健康を」とスローガンが書いてある。

女子大学生が「私の夢はこの島を自然公園の観光の島にすることです。そのためにはまず、基地による汚染をきれいにすることが必要で

米軍基地の前に立つ十字架とビエケス島の島民（2003 年、米国プエルトリコで）

す」と話す。「米国はイラクの石油を求め、次はイランを標的《ひょうてき》とした。どこまで求めれば気がすむのでしょうか」とも。

環境活動家で陶芸家《とうげいか》の女性ミルナさんは「自然に満ちてすばらしい島なのに、住民の健康状態はとても悪い。60年間の軍事演習で島全体が汚染されている。日本のミナマタのように住民は重金属汚染され、がんの発生率が高い」と語る。ミルナさんは平和会議に出席するため1999年、沖縄に行った。「オキナワはこの島ととても似ていた。政府は絶滅する動物を保護することに尽くすとよく言うが、この島では私たち人間が絶滅しかねない」とも話した。

基地返還運動が盛り上がったのは、基地労働者の一人が誤爆で死亡した事故がきっかけだ。島内はもとよりプエルトリコ本島でも10万人の抗議デモが起きた。当時のブッシュ米大統領は「多くの島民が反対している。代替地《だいたいち》はあとで米軍側が考えればいい」と、さっさと基地返還を決めた。

これに困惑したのが米軍だ。同じ条件の沖縄で基地を返還せよと日本政府から迫られるのではないかと危惧《きぐ》した。しかし、日本政府からそのような声は出なかった。

今後の開発について聞こうと市長に会った。市長はベトナム戦争からの帰還兵《きかんへい》だ。市長に当選して3か月後、演習を止めさせようと演習場の立ち入り禁止地区に入り込んで座り込みをしたため逮捕され、4か月にわたって獄中にいたという。会ってみると、穏やかな人だった。「私たちは主権を回復した。この島で生まれた人が安心して島に住めるような島にしたい。セメントを使うのでなくエコロジーに合った持続する開発をしたい」と話す。

基地反対の住民運動で大きな役割を果したのはカトリック教会だ。誤爆によって犠牲者が出たことに抗議して島民のデモの先頭に立って白い十字架を掲げたのが、この島の教会の神父だった。

教会の屋根の十字架の上には、白地に青くスペイン語で「ＰＡＺ（平和）」と書かれた旗が翻る。教会の壁には壁画《へきが》が描かれてあった。軍艦が取り巻く島に立つ女性の右腕は鎖につながれているが、その手にはビエケスの旗が握られている。イルカの親子が泳ぐ絵のそばには「自由ビエケス」の文字がある。

ひときわ大きな壁画があった。島でたこ揚《あ》げをする子どもたち、漁をする人々。海ではイルカが泳ぎ、上空にカモメが舞う。海の底には珊瑚《さんご》も見える。そのわきに「貧しい人間とはカネを持たない人ではなく、夢を持たない人のことである」と書かれていた。

すばらしい自然と、それにそぐわない軍事基地という点でビエケス島と沖縄は共通する。両方を比べて強く感じるのは、沖縄では基地があるのが当たり前と思っている島民がかなりいることだ。ビエケス島ではそうした気持ちを若者たちが中心となってはねのけた。この点がまず違う。

もう一つは、ビエケス島だけでなくプエルトリコ全土をあげて人々が基地撤退運動に乗り出したことだ。当時３８０万人だった人口のうち１０万人がデモに参加した。日本でいえば、沖縄に呼応して日本の全国各地でいっせいに計３００万人がデモをしたような規模だ。プエルトリコの自治政府も基地反対を打ち出した。日本政府が米国に対して明確に基地反対を主張したようなものだ。沖縄と「カリブの沖縄」では、ここが決定的に違う。

ビエケス島の白砂の浜辺に立つと、まぶしい太陽の光を全身に浴びる。同じ光景の沖縄を思い出した。

第5章

新聞からの卒業

——日本

月刊誌の編集を手掛けたあと新聞の土曜版の記者となり、歌のルーツを調べ映画の舞台を訪ねて日本全国をまわった。そのかたわら世界1周するピースボートの船に乗り、旅行社の企画で世界各地をまわった。退職後も見知らぬ国を訪ねて取材の旅を続ける。

寺院の学校で学ぶ子どもたち（2016年、ミャンマー中部のバガンで）

1．月刊誌

〈月刊誌『論座』へ〉

アメリカから帰国すると、朝日新聞が出していた月刊誌『論座《ろんざ》』の編集部員となった。これも左遷だ。特派員を管理しようとする戦時中の大本営のような本社側と何度も衝突した結果である。しかし、月刊誌の編集を経験したいと思っていたので、渡りに船だった。

編集部の人数は少ない。編集長1人と副編集長（デスク）が2人、そして編集部員は記者が3人と社外の編集者が2人、割り付けをデザインするアート・ディレクターが1人の小さな所帯だ。たったこれだけのスタッフで毎月、定期的に発行する。

新聞は記者が自分で記事を書くが、雑誌は違う。1か月以上前に翌月の号の特集など内容を編集会議で細かく決め、手分けして大学教授らに原稿を頼む。1本の原稿は400字詰め原稿用紙で16枚が基本だ。メールで送られてきた原稿を丹念《たんねん》に読んでおかしなところはないかを点検する。さらに校閲《こうえつ》担当にまわして入念にチェックする。

なにせ刊行されるのが1か月後だ。進行中のニュースをそのまま扱うわけにはいかない。社会の大きな流れや事件の背景にある風潮、評論が主だ。必然的に教育や環境、国際問題が多くなる。

たとえば2004年11月号は、この月に投票されたアメリカ大統領選挙を特集した。特集だけでもハーバード大学の教授ら12人の論考と2人の対談が載っている。ほかにも15本の原稿と政権についての対談、そして文芸評論家らのエッセイの連載が5本ある。

原稿のうち3本はロシアのチェチェンで起きたテロ事件を扱った。その1本は私が書いた「チェチェンとは何か」という解説記事だ。新聞を読んだだけではチェチェンがどんな民族でどんな土地かわからない。現場に行ったフリーのジャーナリストらから取材して6ページの記事にまとめた。

フリーのジャーナリストに原稿を頼むこともある。ただフリーの場合、取材した素材は面白いが、伝え方が拙《つたな》いことが多い。新聞社で記者は日々、原稿を出してデスクとやりとりする。取材の足りなさの指摘や、伝わりやすい文章にするコツを習う。日々の実践で鍛《きた》えられる。そうした組織ジャーナリストと、鍛えてくれる人がいないフリー・ジャーナリストでは文章力に違いが出る。

一方で、フリー・ジャーナリストは個性が特色だ。何を取材し、どんなふうに書くかを含めて個性だから文学作品のような側面がある。だからあまり文章を直してはいけない。その加減をはかりながら編集者として読者に伝わりやすいように文章を書き直した。

〈反日運動の背景〉

アジアで反日運動が起きたさい、原稿を頼んでいた大学教授が締め切り間際に「書けない」と言った。すぐに別の教授に頼んだが、書いてもらうのを待っていられない。教授の自宅を訪ね2時間ほど話を聞いて社に戻り、聞いたままをパソコンに打ち込んで2時間後には8ページの記事にした。

中国政府はなぜ、かつてない対日強硬姿勢を貫いたのか。「それは中国が経済発展した結果、豊かになった人々が政治的な発言力を求め始めたからだ」と教授は語り、こう続けた。

中華人民共和国が発足した直後の1950年代は毛沢東の指導で「大躍進」など華々《はなばな》しい政策が続いたが、多くの餓死者を出して経済的に遅れたままだった。毛沢東の死後、1978年から鄧小《とうしょう》平《へい》の時代に入り市場経済を導入した。すぐにはうまくいかず、1980年代は中国が地球から除籍されるという「球籍討論《きゅうせきとうろん》」が渦巻いた。中国が最も自信をなくした時期だ。

しかし、1990年代になると効果が現れた。1992年から毎年、13%の高度成長を達成する。2003年には人口の19%、2億人もの人々が貧困層から中間層に上がった。

経済的に余裕が出た人間は政治的な自由を求める。反政府デモが国内で頻発《ひんぱつ》した。警官が出れば逃げていた市民が警官に立ち向かうようになった。騒ぎが暴動に発展することを恐れた政府は、市民のデモを正面から鎮圧《ちんあつ》しないようにと警察に通達を出した。

反日暴動のさい、北京の日本大使館に暴徒から石が投げられた。そのさい大使館を警備する警官が止めなかったため、中国政府も暴徒を応援していると見た日本人は多い。実はこの通達のため警官は暴徒に手を出さなかったのだ。

中国では一党独裁で官僚が腐敗しているなど国民の不満は強い。とはいえ経済発展が続いている。だから国内政策に不満を持つ市民も我慢《がまん》する。その分が日本への反発となって噴出した。政府も反日運動をガス抜きに利用している。

このように筋道だって聞くと納得する。新聞もテレビも短時間で取材するから、事件の背景がよくわからないままニュースを流す。この教授のようにきちんと追跡調査をして初めて背景がわかる。背景を載せることで事件の性質の真相が明らかになる。それが月刊誌というメディアの役割だ。この論文を掲載することだけでも月刊誌の醍醐味《だいごみ》を感じた。

大使館への投石事件のとき日本のテレビは、わずかな市民が石を投げる同じ場面ばかりを1日中、流した。周囲の多くの市民は石を投げなかった。テレビカメラは穏健な市民は映さず暴徒の騒ぎだけ流したため、中国全土で中国人が日本に向けて石を投げていると誤解された。報道する側はこうした誤解を招かないように全景を撮るなど工夫しなければならない。

〈水俣病50年〉

自分で取材に行き、長いルポを書くこともできた。公害の原点のような水俣病《みなまたびょう》が公式に確認されて50年たった2006年、熊本県水俣市を訪れた。

水俣湾に面した埋め立て地の岸壁に立つと、目の前に広がるのはエメラルド・グリーンの海だ。一瞬、沖縄にいるのかと錯覚した。水銀に汚染され「死の海」と呼ばれたが、活き活きとした海が戻った。

埋め立て地の突端《とったん》に石碑が立つ。「不知火《しらぬい》の海に在るすべての御霊《みたま》よ　二度とこの悲劇を繰り替えしません　安らかにお眠りください」と書いた「水俣病慰霊《いれい》の碑」だ。広島の原爆の碑の文面を思わせる。

漁民の杉本栄子さんは「チッソも国も、いまだに真実を言ってくれません。真実を言えない罪を背負うのはあの人たちです」と話した。まさに今、福島第1原発の事故で福島県民が東京電力と政府に投げかけるのと同じ言葉だ。被害者の絶望的な心や生活の支えとなったのが、全国各地から駆けつけた支援のボランティアの人々だ。多くの支援者がそのまま残って活動をしていた。

市職員の吉本哲郎さんは「患者と付き合っていたら出世できない」と言われた時代に「逃げるな」と自分に言い聞かせ、患者の家を一軒一軒訪ねた。ひどい状況を目の当たりにして何とかしなければならないと考え、同僚《どうりょう》や上司を説得した。

吉本さんが説得するときに言った二つの言葉がある。一つは「みんな、無い物ねだりばかりしている。無いものねだりからは何も生まれない。在るもの探しをしよう」だ。もう一つは「みんなグチばかり言っている。グチからは何も生まれない。グチを自治に変えよう」だ。社会変革を目指すすべての場合に通じる素晴らしい言葉ではないか。

努力が実り水俣市は1991年に政策を転換した。亡くなった人々の犠牲を無駄《むだ》にしないため「住民協働の環境都市」を掲げ、環境モデル都市づくりを宣言した。公害の町を環境の町に変える市民運動が起きた。活動の事務局となったのが市役所だ。

市と住民の話し合いから生まれたアイデアがすぐに実行された。ゴミを22通りに分けて分別収集していることを知ると驚く。市民の意識がなければできないことだ。市民が意識を持ち水俣は変わった。

日本の環境系市民団体が集まって実施した「日本の環境首都コンテスト」で水俣市は2005年、06年と2年連続で1位に輝いた。日本最悪の公害都市が、日本一の環境都市に生まれ変わった。

水俣市は教訓を世界に伝えようと、ヘドロ埋め立て地の一角に水俣病資料館を立てた。初代の館長が吉本さんだ。吉本さんは水俣病半世紀の意味をこう語った。

「失敗に学ぶことです。市は再生しました。今問われるのは国です。いまだに国は無謬《むびゅう》主義で、日本は復元力のない社会となった。失敗を認めることから再生が始まる。新たな価値をつくらないかぎり、何のための失敗でしょうか。失敗を繰り返さない仕組みを発信するのが、これからの水俣の50年です」

この言葉を聞いたとき、ジャーナリストとして伝えるのはこれだと思った。原発事故からの復興も、戦争での隣国との和解がままならない状態も、この言葉が解決の道を示す。今こそ水俣の失敗に学び新たな価値を創り出そう。それが今、私たちのやるべきことではないか。

2．土曜版の世界

〈「ｂｅ（ビイ）」〉

月刊誌の編集部に2年いたあと、次に行きたい部を問われ、迷わず「ｂｅ（ビイ）編集部」と答えた。土曜日に出す土曜版の別刷り紙面を発行する部だ。「映画の旅人」「絵画の旅人」など旅人シリーズの連載が好評で、このころは「愛の旅人」シリーズを出していた。記者が自由に取材して朝日新聞で最も長い記事が書けるのが魅力だった。

「愛の旅人」シリーズは土曜版の1面と次の面にまたがって2ページを使う大型企画である。私が最初に書いたのはテレビドラマの「北の国から」がテーマだった。最初からこれを取材しようと思ったのではない。編集部での初仕事は料理の記事だった。玉ねぎに興味を持って産地である北海道の富良野《ふらの》に行くと、「北の国から」の舞台がここだと気付いた。脚本家の倉本聰《そう》さんに会ってインタビューしたのをもとに「愛の旅人」第1弾を書いた。

キューバのチェ・ゲバラ夫妻を取材する企画を出すと、地球の反対側に行くなら記事を3本出せと言われた。あのダスティン・ホフマンが主演したアメリカ映画『卒業』と、南米アルゼンチンのエビータも取り上げることにしてアメリカ大陸に3週間、取材旅行した。

デスクから作家の城山三郎夫妻を取り上げてほしいと言われた時は、書く前にかなり調査した。これなら書けるという確信がなければ長大な記事は書けない。最愛の妻を亡くした城山氏は7年後に亡くなるまで妻との思い出を書き続け、それが遺稿集《いこうしゅう》『そうか、もう君はいないのか』として出版された。「この原稿を書いているときだけは亡き妻といっしょにいられると思ったのでしょう」という出版社の担当者の言葉を聞いて、テーマはこれだと思った。伴侶《はんりょ》を亡くした人の切なさと救いの道である。

記事は評判を呼び、読者からの感想が1万4千通も届いた。普通はせいぜい2千通である。「これを読んで、この年まで長生きして良かった」と82歳の女性がくれた手紙には感激した。

人気漫画「サザエさん」の四コマ漫画を素材に世相や時代を振り返る「サザエさんをさがして」という欄がある。原子力発電、修学旅行、駅弁、新幹線、生ビールなど思いつくまま、その成り立ちや歴史を取材した。宝探しのような面白味《おもしろみ》があった。

「文化の日」を取り上げて由来を調べた。世界では憲法を公布した日が憲法記念日である。本来なら11月3日が憲法記念日のはずなのに、衆議院が憲法施行の5月3日を憲法記念日と決めてしまった。大事な公布の日を「文化の日」の名で残そうと努力したのは参議院議員だった作家の山本有三だ。こうした歴史的事実の発掘はニュースでもある。

〈うたの旅人〉

旅人シリーズはその後、「うたの旅人」に替わった。だれもが歌える「故郷」のルーツを調べようと、作詞した高野辰之《たつゆき》の故郷の長野県に、彼の記念館を訪ねた。館長は山を指さして「あれが『かの山』です」、川を指して「あれが『かの川』です」と言う。抽象的な山や川でなく、高野が幼いころ目にした山河をうたったのだ。彼の景色が日本の景色となった。江戸から明治になって日本の統合が進んだ象徴のような話である。

さらに武士や町人など階級で違っていた父母の呼び方を統一するため、高野ら文部省（現・文科省）の官僚が「おとうさん、おかあさん」という言葉をつくったのだ。歌のルーツ調査は日本の歴史や風土の発掘でもある。がぜん面白くなった。

坂本九の「上を向いて歩こう」の取材で、彼のお兄さんに会った。坂本九は歌が下手だと自覚し「歌で人を満足させることはできないが、感動を与えることはできる。僕は感動の歌手になる」と言ったという。飛行機事故で亡くなる前、彼は北海道の障がい者施設をまわってボランティア活動をしていた。夕張に近い場所に建てられた記念館を訪れると、九ちゃんを慕う障がい者たちが運営していた。

「北国の春」を取材すると、極貧《ごくひん》のうちに少年時代を過ごした作曲家、遠藤実の辛い人生が浮かび出た。日本海に面して雪が枕元に吹き込む小屋で寝た幼いころ、春を待ちわびた。農家の作男となったあと家出し、東京に出てギターを手に飲み屋街で歌った。ゴミ箱の靴を拾おうとしたら頭からうどんの汁をかけられた。安いサンマ定食ばかり食べた彼にかつ丼をおごってくれたウエイトレスが後の妻だ。泣ける話だらけだった。この記事は中国人ジャーナリストの莫邦富《モーバンフ》さんの紹介で中国にも報道された。

中山晋平《しんぺい》の「ゴンドラの唄《うた》」の記事に、彼が戦後まもなく新憲法を祝う「憲法音頭」を作曲したことを盛り込んだ。すると編集長が「憲法に関する部分はいらないのではないか」と暗に削除を迫った。憲法改正が政治的な話題になっていただけに、憲法が紙面に出て問題になることを嫌がったのだ。いかにも管理職らしい発想である。「歌謡曲の作曲家が憲法の歌を作曲したのはニュースだ」と私は主張して、意志を通した。

管理職から何か言われても、きちんと反論すればいいのだ。上司の言うことに素直に従い、あとでパワハラだったとブツブツ言う人が多いが、そうした記者の自主規制が新聞社内の民主主義をダメにする。

「涙《なだ》そうそう」は、歌手の森山良子さんが亡くなった兄を思って作詞した。インタビュー中に森山さんは2度、泣いた。1度目は兄を思い出したとき。2度目は沖縄公演のさい地方の食堂で出会ったおばあさんが泣きながら踊ったことを思い出したときだ。おばあさんが泣いた理由を聞いたが、「わからない」と言う。

私は泣いた理由を知りたいと思い、そのおばあさんを探しに沖縄に行った。「那覇《なは》から北に向かう道沿いの、なんの特徴もない食堂」という言葉だけを頼りに探して、ついにおばあさんを見つけた。泣いた理由は戦時中に軍から石垣島のマラリアの森に疎開《そかい》を強いられたときの苦しさを思い出したことだった。もちろん、それも記事に書いた。

旅人シリーズが「映画の旅人」に替わると、沖縄の「ひめゆりの塔」や四国の小豆島の「二十四の瞳《ひとみ》」、終戦の日に近衛兵《このえへい》が反乱を起こした「日本のいちばん長い日」などを書いた。こうして見ると戦争を描いた作品が多い。意図したわけではないが、伝えなければならないと思ったのだ。

〈フロントランナー〉

「be」は当初、2部構成だった。赤い「be」が旅シリーズを筆頭に文化系の記事を載せた。青い「be」は経済系の記事を載せ、その目玉は経済界で活躍する人を扱う「フロントランナー」というシリーズだ。そこで最初に取り上げたのは全国に大型書店を展開するジュンク堂の工藤恭孝《やすたか》社長だ。ニューヨークでよく通ったバーンズ&ノーブルという書店に似た店づくりに興味を持った。工藤社長には4時間ぶっ続けでインタビューした。

琵琶湖のほとりに「菜の花プロジェクト・ネットワーク」の代表、藤井絢子《あやこ》さんを訪ねた。菜の花からとれるナタネ油を自然エネルギーとして開発する市民運動だ。記事は2011年3月12日に載る予定だったが、前日に東日本大震災と原発事故が起きた。新聞用紙が確保できなくなり、この日の「be」は休刊となった。混乱が落ち着いてようやく掲載されたのは2週間後だ。原発から自然エネルギーへの転換が注目されたときだけにタイムリーだった。

原発事故の4日後に「瀬戸の花嫁」の歌の取材で瀬戸内海に行くことになっていた。予定通りに香川県に出張し、その足で山口県上関町に向かった。町内の祝島《いわいしま》では住民が原発を拒否して30年にわたる反対運動をしていた。原発事故が起きる前から危険性を見越して闘ってきた人々を取材したいと思ったのだ。反対運動の若いリーダー山戸孝さんと団結小屋で一晩、焼酎《しょうちゅう》を飲みながら運動や原発への思いを聞いた。翌朝早く船に乗っていっしょに島にわたり、取材した。

原発と自然エネルギーにかかわる建設的な取り組みを探すと、高知県の梼原町《ゆすはら》を見つけた。風車をきっかけに12年で自然エネルギーによる環境の町づくりに成功した。町役場に電話して聞くと、前町長の中越武義さんの力が大きいことがわかった。中越さんをフロントランナーで取り上げようと編集会議で提案した。現地に行ったのは原発事故の1か月後だ。

風車2基が稼働《かどう》したのは平成11年11月11日午前11時11分。町の人々が見守る中、中学生の男女がボタンを押した。建設にかかった2億円は数年で元をとり、その後は年4千万円の利益が入る。それを環境基金として蓄え、太陽光発電などの普及に使う。中越さんの名刺には「国家の実力は地方に存する」と書いてあった。地方自治は日本国憲法の柱の一つだ。日本政府が原発対策にきちんと向かい合わない中、地方の町がしっかり自立の見本を示した。

完全に退社するまで8年間、この編集部にいて最後まで記事を書きまくった。最後に出た編集会議で、次の旅シリーズのテーマを「道」にするよう提案した。これを書いている今、そのシリーズが続いている。

3．スタディ・ツアー

〈ピースボート〉

新聞の日常紙面を離れると、日々のニュースに追われなくて済むようになる。その分、余裕が生まれて先の予定を立てることができる。そこで活用したのがピースボートの船旅だ。

巨大な客船で地球を一周しながら世界の紛争地を訪ね、現地の人々と交流しながら地球の未来を考えるＮＧＯがピースボートだ。日本生まれだが、日本人離れしたスケールの大きな発想である。立ち上げたのは４人の学生だった。赤字覚悟で活動を始め、実際に膨大《ぼうだい》な赤字を個人で背負い百回以上も地球一周の航海をしてきた。日本の若者がゼロからここまで実現したことに感動を覚える。

最初はアジアを航海したが、世界を回ろうとしたときに中南米の寄港地についてアドバイスした

世界最大の露天風呂と地熱発電所（2009 年、アイスランドで）

ことから、私も関わるようになった。乗客向けに講演するため船に乗るのだ。地球1周には3か月半かかる。会社勤めをしながらすべて乗るのは不可能なので、一部の区間だけ乗った。最初に乗船したのはシンポジウムを開くフォーラム事務局の時代で、中南米をまわった。その後は横浜からベトナムまで1週間のクルーズに乗船し、ベトナムやアジアの話をした。さらにヨーロッパの区間で東欧革命について話すようになった。取材対象が増えるにつれて講演で話すテーマも増し、乗船区間が広がって行った。

中南米の区間では、たとえば東京からニューヨークに飛行機で飛び、そこに寄港した船に乗ってキューバなどカリブ海を回ってパナマ運河を通り、メキシコあたりで下船して飛行機で帰国する。これだけで2週間かかる。

船内では「キューバ革命とゲバラ」「アメリカは中南米で何をしたか」「海賊《かいぞく》はNGOだ」などのほか、定番となった「人はなぜ旅をするのか」「君の星は輝いているか」などを話した。1回1時間半で、1日に2回講演することもざらにあり、2週間の間に10回以上話した。講演を聴きに来る客は毎回200人ほどいる。乗客の大半は定年後に自由な身となったシニア層と30代の元気な女性だ。乗客には知的な人が多く、話していると勉強になった。寄港地のツアーに参加すれば、そのまま取材になる。

2009年には北欧デンマークからノルウェー、アイスランドを経てアメリカのニューヨークまで北大西洋を20日間かけて旅をした。アイスランドで「世界最大の露天風呂」を訪ねると、地熱発電所をつくったら温泉ができたと言われた。ならば温泉が沸くところでは地熱発電ができるはずだ。帰国して調べると、日本では地熱発電がゼロに近い状態だった。しかし、経済産業省の研究機関がホームページで発表していた。「いま、日本できちんと地熱発電をすれば、原発２０基分の電力がとれる」と。そこから自然エネルギーに興味を持った。

その直後に福島の原発事故が起こった。地熱発電を軸に半年後、『地球を活かす～市民が創る自然エネルギー』と題した本を著した。

このときから、ほぼ毎年、乗船して講演するようになった。翌年はカリブ海だ。飛行機で南米のベネズエラに飛んで乗船し、パナマ運河を通ってグアテマラまで１９日間。チャベス政権下のベネズエラでは社会変革の現場を見た。翌２０１２年は地中海へ。イタリアからギリシャ、トルコ、ブルガリア、ルーマニア、ウクライナ、エジプトまで１６日間の航海をした。その5か月後は久しぶりのアジアだ。横浜からベトナムまで1週間乗った。

その船上で早稲田大学名誉教授の木村利人《りひと》さんと出会った。「幸せなら手をたたこう」の歌の作詞者である。戦後まもなくYMCAのボランティア活動でフィリピンを訪れたさいに作ったという。「be」の「うたの旅人」の絶好の材料だ。船を降りて翌年、現地に取材に行った。

木村さんに連絡すると、「取材に同行したい」と言う。歌がつくられた小学校を探して、あらかじめ訪問の理由を伝えた。現地に着くと校庭に舞台がつくられ、全校生徒が集まって歓迎集会が開かれた。木村さんは涙ながらに「生涯《しょうがい》で最良の日です」と語った。

翌年はスペインのバルセロナに飛んで乗船し、大西洋を横断しカリブ海のドミニカ共和国まで航海した。コロンブスの航海の跡をたどる旅だ。大航海時代の帆船《はんせん》はアフリカ沖から大西洋の横断に

37日かけたが、現代のディーゼル船は9日だった。
乗船はすでに20回を超えた。これからも毎年、どこかで乗船するだろう。

〈「伊藤さんと行く」〉

平和憲法を活用している中南米の国コスタリカについての講演をまとめた『活憲の時代』を出版すると、東京の富士国際旅行社が「伊藤千尋さんと行く」シリーズのスタディ・ツアーを提案してくれた。私がツアーに同行して参加者に解説するのだ。参加者にとっては自分では行けない場所に行けるし、深い知識が身につく。私にとってもそのつど取材ができる。ありがたい企画だ。

第1回は2012年1月で、8日間の「憲法を活かすコスタリカに学ぶ旅」だ。アメリカ経由でコスタリカの首都サンホセに入り、カリブ海に面した国立公園をボートで巡りながら自然を観察した。首都では国会や最高裁判所、国連平和大学などをまわった。平和憲法を制定した時代の大統領の夫人を訪ねて当時の様子を聞き、学生時代に大統領を憲法違反で訴えたロベルト・サモラ弁護士と懇談した。私はコスタリカの環境保護の取り組みと平和政策について現地で2回、参加者に講演した。12人の参加者の中には元裁判官もいた。

同じ年の5月には自然エネルギーの町づくりをした町を見る4日間の「高知県梼原《ゆすはら》町〜四万十川をめぐる旅」をした。梼原町では中越・前町長が12年の取り組みを自ら話してくれた。

翌6月には「フィリピンのピープルパワーに学ぶ旅」だ。米軍基地を返還させて平和利用が進むスービック海軍基地、クラーク空軍基地跡を訪ねた。さらに建設しながら一度も使わなかったバターン原子力発電所と、自然エネルギーのマクバン地熱発電所を見学した。最後は貧困な状況を自分たちで改善しようとするNGOの活動を見た。6日間の行程だ。

わずか半年の間に3回のツアーを引率した。しかも、この間の3月にはピースボートの地中海めぐりが16日間あった。おまけに4月には「うたの旅人」の取材でインドネシアに4日間、出張した。新聞に記事を書きながらだ。さらにこの半年間で55回の講演をしている。

我ながらよくやったと思うが、これでは身体がもたない。過労のためめまいが起きて耳鼻科に通院し、マッサージしてもらうため頻繁《ひんぱん》に整体に通うことになった。5日連続して通った週もある。

こんな身体《からだ》でも、8月にピースボートに乗って横浜からベトナムまで8日間の航海をした。この2012年は講演を計111回行った。我ながらタフだった。その前の記録を見ると、2010年に130回やっている。疲れが溜まっていた。

〈ベトナムへ〉

「伊藤千尋さんと行く」シリーズを再開したのは翌2013年春だ。「抵抗の歴史とベトナムの『今』を訪ねる」というテーマである。超大国アメリカを敗退させた小国ベトナムの活力を味わいたい。ハノイでベトナム戦争関連の博物館や枯葉剤の被害を受けた子どもたちの施設を訪れたあと、古都フエに飛んだ。伝説的なテト攻勢に参加した元女性兵士に会い、かつて南北ベトナムを隔てた北緯17度線のベンハイ川をわたったあと世界遺産のハロン湾をクルーズした。6日間のツアーだ。

同じ年の秋にはベトナムへの2回目のスタディ・ツアーをした。「少数民族の村とベトナム戦争の歴史」だ。南ベトナム解放民族戦線を代表してパリ和平会談に臨んだグエン・ティ・ビンさんに会った。ジャングルから出てきたゲリラの代表がアオザイ姿の女性だったことで世界を驚かせた。彼女は８６歳になっても民間外交で活躍していた。「私は休まない。国は解放されたが、今も山ほどの困難がある。これからも人民のため、できることは何でもする」と断言する。

ビンさんと握手して別れた一時間半後、解放戦争の司令官として世界最強の米軍を破ったボー・グエン・ザップ将軍が１０２歳で亡くなった、というニュースが流れた。縦横な戦略から「赤いナポレオン」と呼ばれた彼の死で、ベトナム戦争は完全に幕を閉じた感がある。

ザップ将軍が指揮をとってフランス軍を完敗させた山奥の戦場ディエンビエンフーに飛行機で飛んだ。フランス軍の司令部跡が保存されており、入り口の売店でザップ将軍の写真集を手に取った。戦闘が終わった直後の戦場の写真にザップ将軍の言葉が添えてある。「陣地から見渡したとき突然、今直ちにすべき重大な任務に気付いた。ここを元通りにしなければならない。農民が秋の収穫をできるように」

軍人、それも司令官なら勝利の余韻に浸《ひた》るのが当然なとき、彼は農民の生活のことを考えた。この戦争がだれのために何を求めた戦いなのかを、しっかりと理解していたからだ。ザップ将軍とはそんな軍人だった。ベトナム戦争はそのような戦争だった。こうしたことが現地に行くと実感できる。この旅の様子は『週刊金曜日』に記事を載せた。元気をなくした日本社会に、ベトナムの人々の在りようが刺激になっただろう。

4．フリー・ジャーナリストに

〈朝日新聞の9・11〉

65歳でいよいよ完全に朝日新聞社を去る時、「ｂｅ」編集部員が総出で送別会を開いてくれた。こんなとき、多くの仲間に囲まれていてよかったと思う。会を仕切ってくれた女性記者は川崎支局長時代の支局員だった。記念にもらった万年筆は、著書のサイン用に使うことにした。

その感慨にふける余裕はなかった。朝日新聞が大変な状況に陥ったのだ。送別会の2日後、社長が記者会見して「誤報」を謝罪した。2014年の9月11日で、朝日新聞にとっての「9・11」である。記者会見を社内のテレビで見ていた私たちは騒然とした。

会見が進むにつれて疑問の声が飛んだ。とりわけ福島原発の事故の報道が誤っていたという社長の言葉は納得がいかない。記事の中身の誤りではなく、見出しが本文と合っていなかったという。これを誤報として記者を処分したのは、取材した記者を侮辱《ぶじょく》するものだ。続報で見出しを修正すればいいだけだ。

社長は従軍慰安婦《じゅうぐんいあんふ》の記事についても謝罪したが、慰安婦を集めたという男の虚言《きょげん》を検証せずに書いてしまったという。その男の主張が間違っていたのだから紙面できちんと経緯を検証して訂正すればいい。検証抜きに謝罪したから、従軍慰安婦報道のすべてが間違っていたような印象を与えた。

三つ目は池上彰氏の紙面批評が気に食わないから掲載しなかったという。私はこれが一番の問題だと思うが、紙面で謝罪して改めて掲載し、掲載しないように指示した編集局長が責任をとればいいだけだ。3点での謝罪だが、一つでは記者会見するほどの内容ではない。記者会見するためにわざわざ三つ集めたとしか思えない。

読売新聞はこのときとばかり朝日新聞を攻撃した。産経新聞はこれをもって従軍慰安婦問題がなかったようにあげつらった。いずれも朝日新聞をおとしめて読者を奪おうとしたのだ。しかし、これによって新聞の信頼そのものが失われた。朝日新聞はもちろん読売新聞も部数を大きく減らした。日本の新聞史に残る汚点である。

この危機をどうするか。私には社内で何かする余裕はなかった。社長会見の2日後が私の退社日だった。退社を感慨深く思うゆとりもなかった。退社の翌日、故郷の母が亡くなった。新聞記者としての私の40年を最後まで見届け、母は92歳で旅立った。私は65歳の誕生日に、母を火葬した。

〈いきなりピンチ〉

退社してすっかり自由な身になった。とはいえ会社にいてさえ「本業ジャーナリスト・副業会社員」を公言していたから、縛られているという気持ちがなかった。その分、解放感も少ない。

とりあえず、肩書が「フリー・ジャーナリスト」に変わった。大学教師の誘いはあったが勤める気持ちはなかった。会社員を40年もやれば、もう宮仕えは充分だ。今どきの大学では休講もままならないので、ピースボートにも乗れない。それは嫌だ。自由でいたい。フリーのジャーナリストになるのは新聞社に入社した時からの夢だった。ようやく夢がかなう。

とはいえ、生活費を稼がなければならない。社内で管理職として出世した同僚は退職後に備えて金銭的な蓄えがあったし、会社が退職後の就職先を決めてくれたが、私にそのようなものは無かった。カネは蓄える前にすべて取材費や本代に使った。これからは自分で稼がなければならない。

というよりも念願のフリー・ジャーナリストになれたのだ。喜んで働けばいい。フリーはハングリーでこそ力を発揮する。名刺は妻が作ってくれた。厄介《やっかい》なのは会社に置いていた段ボール14箱分の本を引き取らなくてはならないことだ。自宅にこんなスペースはない。

親しいルポライターの鎌田慧《さとし》さんに相談すると、自宅近くに仕事部屋を借りているという。私も自宅から歩いて3分のマンションに部屋を見つけた。退社の2か月後、書斎《しょさい》を移動した。これでフリーとして仕事をする態勢はできた。

具体的な活動の柱は執筆と講演である。そのころ雑誌の連載を3つ持っていた。『週刊金曜日』にはアメリカ特派員に赴任したとき現地から月に一度、毎回1ページの「環太平洋通信」を29回連載し、帰国後も「伊藤千尋の国際時転」のタイトルで国際問題を毎月1ページ書いていた。

映画月刊誌『シネフロント』には2001年から「映画で世界をめぐる」シリーズを毎号4ページ書いた。アメリカにいる間も日本から毎月3本送られてくるビデオの中から自分で取り上げる作品を選んで連載を続けた。さらにキリスト教の女子パウロ会の月刊誌『あけぼの』に2010年から毎月、「活憲といのち」の題で2ページを連載した。とりあえず、これを続ければいい。

ところが、フリーになったとたんに『週刊金曜日』の私の担当者が替わり、新米の編集者によっていきなり連載が打ち切られた。なぜ連載が終わったかと問い合わせた読者に、事情を知らない他の編集部員は「伊藤さんの都合です」と答えたという。違うんだけど！

『シネフロント』の連載も同じころ途絶えた。残った『あけぼの』は1年後に雑誌そのものが休刊になった。フリーとなって私の意欲は満々だが、肝心の発表の場がなくなった。あとは『週刊うたごえ新聞』に毎月1回、「こうして生まれた日本の歌」を連載しているだけだ。いきなりピンチを迎えた。

しかも、退職したとたん、講演の依頼が半分に減った。名前が日ごろ紙面に出ているのとそうでないのとでは、目立ち方が違うのだ。

ここがフリー・ジャーナリストの泣き所だ。媒体《ばいたい》を失えば活躍しようにもできない。ピンチのさいにどうするか。それは取材したキューバで教わった。とりあえず楽観的になることだ。そしてピンチをチャンスに変えればいい。

〈旅する人生〉

幸い、旅の企画は続いた。フリーとなった翌2015年の年明け、富士国際旅行社の「伊藤千尋さんと行く」シリーズが再開した。「平和憲法を活かす国で憲法を考える」をテーマにしたコスタリカへの旅だ。

春にはピースボートで博多港から韓国の済州島まで4日間の旅をしながら船上で講演をした。上陸すると硫黄島《いおうとう》のような地下要塞《ようさい》があった。戦時中に日本軍が島の人々を動員して地下壕を掘らせたのだ。動員された人々は戦争が終わるまで2年半、壕の外に出るのを禁じられた。戦後、外に出たときは目が見えなくなっていた人もいて、物乞《ものご》いをして生きた。息子が「日本人のためこんなに惨めになった」と怒ると、盲目になった父は「悪いのは軍国主義だ。日本人も犠牲者だ。憎むんじゃない」と諭したという。泣けるではないか。その息子が実業家となって建てた平和博物館には「自由と平和は何もせずに得られるものではない」と書いてあった。

夏のピースボートはヨーロッパに行った。ポーランドから乗船し北欧をめぐってアイスランドにわたり、大西洋を下ってカリブ海のベネズエラへ。パナマ運河を通ってグアテマラまで40日もの船旅をした。これだけ長く気兼ねなく乗ることができるのもフリーなればこそ、である。

翌年は富士国際旅行社の「中南米変革の地キューバ」の旅だ。革命博物館やヘミングウェイ博物館、有機栽培の農園を見学し、ゲバラ廟《びょう》を訪ね、ゲバラの直属の部下を探してゲバラの素顔を聞いた。

富士国際旅行社のコスタリカ・ツアーは2年ごとに実施された。憲法改正をめぐる動きが活発となり軍隊をなくしたコスタリカへの注目が高まったため、2019年には希望者が殺到した。私はコスタリカに3週間留まって3組、計72人の参加者を案内した。

それが終わったとき世界一周中のピースボートの船が南米に来たので、ブラジルに飛んで乗船した。アルゼンチン、ウルグアイに寄港し南米の南端の町ウシュアイアに上陸。氷河を見ながらマゼラン海峡を通ってチリのバルパライソまで航海した。これも3週間。コスタリカと合わせて計1か月半の長い旅となった。

なってみると、フリーは気楽で大変だ。退社してからの2年は講演が例年の半分に減り、講演料は事務所代に消えた。あとは年金を取り崩すしかなく、生きて行けるのかと心配になった。

〈見知らぬ地へ〉

退社して2年後、新しい試みを始めた。行ったことがない国に人々を連れて訪れ、現地で解説することだ。そんな無謀《むぼう》な……と自分でも思ったが、初めて訪れる地でジャーナリストがとらえた新鮮な驚きを参加者と共有すればいい。

軍事政権の下で鎖国のような状態だったミャンマーが民主化されたのを機会に、富士国際旅行社から「民主化運動の歩みと文化遺産をめぐる」6日間のミャンマーの旅を提案された。珍しいこともあって20人が参加した。

私自身、ミャンマーを訪れるのは初めてだ。事前に猛勉強し20冊を超える本を読んだ。現代史、歴史と民族、文化についてレジュメをつくり、現地で参加者に2回講義した。大乗《だいじょう》仏教と上座部《じょうざぶ》仏教との違い、小説や映画になった『ビルマの竪琴《たてごと》』に描かれた戦時中のできごとなどだ。

パゴダをはじめ仏教関連の施設や仏教の聖地バガンを訪ねた。アウンサンスーチーさんの政党の本部は新築中で、訪問したときは式典をしていた。最前列から2番目に座らせてくれると、私の前に中国大使がいた。

これで自信を得たので、シルクロードへのツアーを提案した。小学生のころヘディンの『さまよえる湖』を読んで、いつか訪れたいと思っていた地だ。目指すは中国でなく、その先の中央アジアだ。読めるだけ読もうと本を買い込んだ。神田の古書店はもちろん、正倉院関係の本を求めて奈良の古書店もまわった。出発前に読んだ本は103冊にのぼる。知識を整理して5ページのレジュメにまとめた。正倉院に納められた楽器や器などを見ると、あらためて文化のつながりを感じる。日本の文化の源流を訪ねるロマンがこみ上げる。

ウズベキスタン航空機はかつてのシルクロードの上空を飛んだ。着陸したとたん、この国の大統領が死んだというニュースが入った。砂漠を走る特急列車に乗ってブハラ、サマルカンド、タシケントなど本に出てきた町を訪ねると、澄み渡る青い空を背にブルーのモスクがそびえる。レールは日本製だった。今やシルクロードは日本の鉄路なのだ。ただ楽しむのでなく列車を降りた後、かがんでレールをのぞき込むのがジャーナリストである。

帰国後もシルクロード関連の本を買いあさり、今や220冊になった。次はシルクロードのどの国に行こうかとワクワクする。取材したからには報告しようと、コスタリカとキューバに加えてミャンマーとウズベキスタンへの旅を『凛とした小国』として出版した。

次いで東欧のバルト3国の旅を提案した。これも初めて訪れる地域だ。ソ連が崩壊する前に自力で独立を勝ち取ることができた過程を知りたいと思った。当時、3国の首都を結ぶ600キロを3国の200万人が手をつなぎ、「人間の鎖」をつくって連帯を表わした。エストニアでは30万人が伝統的な歌を歌ってソ連への抵抗の意志を示した。その現場を踏むだけで気分は高揚した。

未知の国への旅はスリランカへと続き、それはベトナムや韓国などといっしょにして『凛としたアジア』という本になった。旧知の国を深める旅も計画し、イタリアやスイス、ドイツなどを回った。宝探しのような旅はこれからも続く。

終　章

行動するジャーナリスト

1. ジャーナリストへの道

〈知的好奇心〉

最新のニュースにいち早く接するのがジャーナリストだ。日々、今日のできごとを世に伝え、明日の記事のために新しい素材を求めて探し回る。だからジャーナリストは日常的に気分が高揚し、独立心が強くなる。日々、判断を迫られるから思考力や判断力もつく。精神的にはいつまでも若い。

一方で肉体は酷使《こくし》するから健康を損ないがちだ。毎朝、特ダネを抜かれていないかと気をもみながら他社の新聞を広げる。時計を見ながら記事を書き、締め切り時間が近づくと胃が痛む。朝刊最終版の締め切りが午前1時すぎだから、午前2時ころに帰宅するのはごく当たり前。興奮した頭を鎮《しず》めるために寝酒を飲んで倒れるように眠り、ときには午前6時に起きて「朝駆け」の取材に向かう。20、30代は徹夜を続けることもざらだ。「健康より原稿」を重視する世界で、こんなことを繰り返していて体に良いわけはない。

オリンピックの取材や大統領への単独インタビューなどは華やかで、記事も大きく載る。しかし、目に見えない隠された事実を調べるには地道な努力と根気が必要だ。努力が実らないこともあるが、報われたときの感激は大きい。

仕事をする場所は安全とは限らない。いや、戦争、テロ、災害、火事など人々が逃げる危険な場所にわざわざ行くのがジャーナリストだ。それなりの覚悟が必要だ。ルーマニアの市街戦のさなか、せっかく現場に来たのに「危ないから」とホテルに閉じこもりっぱなしの記者がいたが、こんな人はそもそも記者にならない方が本人のためだ。

かといって常に命の危険を冒していたら、命がいくつあっても足りない。そもそも生きて帰らなければ、伝えるという最終の目的を果たせない。可能な限り多くの取材をし、危険になる一歩手前で現場を離れる。ぎりぎりの見極《みきわ》めが必要だ。分かれ目がどこにあるのかは現場で取材しているうちに見えてくるが、結局は自分で場数を踏んで体験からつかむしかない。

ジャーナリストに必要な資質は第一に好奇心と楽観性だ。危ないから逃げよう……ではなくて、知りたいから行ってみよう、と反応する人ならぴったりである。でも、それだけなら単なるやじ馬にすぎない。単純な好奇心ではなく知的好奇心が必要だ。なぜだろう……という疑問が大事だ。それを知ることが社会のためになると思うなら、職業として使命感が生まれる。

わざわざ冒険しようとする背景には動機がある。個人的に事実を知りたいだけなら、人はあえて冒険まではしない。それを知ることが自分にとっても社会にとっても必要だと認識すれば、多少の危険は冒しても踏み込んでいく。いや、喜んで未知の世界に飛び込んでいくだろう。

かつて作家の小田実《まこと》氏が『何でも見てやろう』を著した。世界22カ国を放浪して青年の自由な目で見た世界と日本を綴《つづ》った。この世の中のことを可能な限り知りたいし体験したいという意欲が行間にあふれている。これに「何でも伝えてやろう」という気持ちが加わったのがジャーナリストだ。

〈キューバから流浪民族へ〉

『何でも見てやろう』が出版されたのは私が12歳のときだ。手に取ったのはたぶん13歳だろう。ところどころ今でも覚えている。難しい記述も多かったが、著者がワクワクしながら旅をする気持ちは充分に伝わった。私が大学生になって世界に踏み出したのにも、その影響がある。

私の大学時代は、今ほど気軽に海外に行くことはできなかった。1ドルが360円だったし、持って行ける外貨は500ドルまでという鎖国のような状況だ。それでも国境を越えたいと考えた背景には、周囲の社会への疑問があった。

日本の社会って、何か息苦しいと思わないだろうか。学校も会社も社会も一つの価値観を押し付け、そこから外れようとすると虐《いじ》めや制裁をする。規則だらけだし、規則がなくても自主規制さらには忖度《そんたく》で集団に従わせようとする。何かにつけ人間を管理しようとし、個人が自由にふるまうことを許さない非人間的な、まるで軍隊のような社会だ。

小学生が背負うランドセルの元はオランダ陸軍の背嚢《はいのう》「ランセル」だ。中学生の詰襟《つめえり》の学生服は陸軍の軍服、女生徒のセーラー服は文字通り海軍のセーラー（水兵）から来ている。私が中学のとき朝礼のさいは「前にならえ」と声をかけたし、朝礼が終わると分列行進をした。これって、世界の軍隊が徴兵した新兵にする教育そのものだ。つまり日本では小、中学生の時から軍隊教育をしているのだ。不登校とは、つまり良心的兵役拒否だと思う。

日本の常識は世界でも常識なのか。いや、世界には日本と違う常識があるのではないか。そう思って大学3年のときに初めての海外の行き先に選んだのが中南米のキューバだった。地球の反対側で政治も経済も文化も自然も違う。日本とまったく違う社会に行けば、日本との違いが明確に見えると思った。

観光旅行ではない。キューバ人といっしょに半年間、畑で暮らしサトウキビを刈って働いた。毎日、新鮮なカルチャーショックを味わった。一日中、スペイン語を話すため1か月で日常会話ができ、3か月たつと言葉に不自由しなくなった。目から学んだ英語はなかなか話せないが、耳から覚えたスペイン語は考えなくても言葉が出る。これが基礎にあったから中南米特派員となったとき、短期間でスペイン語が使えるようになった。アルバイトで記者をしていた大学新聞にキューバ報告を連載したのが、私の初めての新聞記事だ。取材して書く喜びを体感した。

もう一つ役に立った言葉がある。第2章で書いたルーマニア語だ。大学1年のときに好奇心からとったゼミだが、マンツーマンで教えられて上達した。ルーマニアから大阪に技師が研修に来ると通訳をやった。それが東欧革命の市街戦で大いに役に立ったのだ。革命のさなかに自分で現地の言葉を話せたから、一般の市民に取材できた。

大学4年で朝日新聞社の試験を受けた。電話で内定を知らされたとたんに、就職するのが嫌になった。もっと旅をしたいという誘惑に駆《か》られたのだ。当時、産経新聞社が「アドベンチャープラン」を募集していた。冒険・探検の旅の企画を提案するよう呼びかけ、採用したら1000万円を出すという。これに応募した。

自分はなぜこんなに旅がしたいのだろうか、と考えて「人はなぜ旅をするのか」をテーマにした。スペイン語とルーマニア語を使ってできる、旅を探る知的冒険旅行は何か。そう考えて思いついたのは、ルーマニアに多い「ジプシー」と呼ばれる流浪《るろう》のロマ民族だ。一生を幌《ほろ》馬車で旅して暮らす彼らを文化人類学的に調査すれば、人間と旅の関わりが見えてくると思った。

この企画が合格した。もう一つ、一橋大学のアマゾン川の冒険企画も通って賞金を山分けした。一橋隊を率いたのが後に探検家となってグレートジャーニーを成功させた関野吉晴氏である。

幌馬車で流浪するロマ民族の人々（1973年、ルーマニアで）

産経新聞社から合格の通知が来たのは、朝日新聞社に入社する1週間前だった。そのまま入社するか、探検旅行に行くか。人生で最も悩んだのがこの1週間だ。常識で考えれば朝日新聞に入社するべきだ。わけのわからない「ジプシー」探検など、人生の役に立つとはとても思えない。でも、何か面白そうだ。

それは人生で何を求めるか、常識かロマンか……の選択だった。常識を選べば堅実だが退屈でつまらない人生になるだろう。ロマンを選択すれば暮らしは不安定だがワクワクする一生になる。悩んだ末に私は、ロマンを選んだ。

朝日新聞の就職を辞退し、半年ほどルーマニアやユーゴスラビアなどをまわった。英国のロンドン大学の図書館で文献調査を1か月したあと、ロマの故郷のパキスタンまで行った。帰国後、産経新聞に12回の連載記事を書いた。これがマスコミに乗った私の最初の原稿だ。翌年、朝日新聞の試験をもう一度受けてまた合格し、こんどは入社した。

〈ジャーナリストになるには〉

こうして人生を振り返ると、気づかないうちにジャーナリストの道を歩んでいたように思う。ジャーナリストに欠かせない好奇心と楽観性と行動力は学生時代から発揮していた。

若い時に外国の言葉を習得すれば人生で必ず役に立つ。習い始めたときはただの好奇心でかまわない。むしろその方が損得勘定《そんとくかんじょう》なしに楽しく学べる。好きなことを追求していくうちに、いつの間にか自分の人生が開けて行くものだ。また、そうであれば趣味がそのまま仕事につながるのだから結構ではないか。カネや地位のために職業を選べば一生、自分を疲れさせるだけだ。

外国語のほかにやっておくといいのは格技《かくぎ》だ。私は大学で合気道部にいた。合気道は体が小さくても女性でも、自分より大きな男を制圧することができる。攻め技がない専守防衛の武道で、護身術として通用する。格技を身につけることで自信が沸く。襲《おそ》われても対抗できると思うから、かなり危険な地域にまで入って行けた。

もう一つ身に着けておいた方がいいのは楽器など音楽だ。歌でもいい。演奏すれば人が集まるギターやピアノならもっといい。いつでも何でも音が出せて楽しい雰囲気を作るパーカッションならさらにいい。音楽は世界共通の言語だ。言葉は通じなくても音楽でお互いに心がオープンになれる。私は混成合唱団にいてテナーのパートリーダーをした。楽器はフルートを吹いた。

読書で『世界文学全集』などのほかに薦《すす》めるのは歴史の知識だ。小、中学生のころ何度も読み返したのは中央公論社の『世界の歴史』１６巻と中国の『十八史略』３巻だ。特派員になって記事を書くとき歴史の知識を例にとることができて本当に役立った。

ジャーナリストの道といっても、新聞や雑誌など活字で伝えるものもあれば、テレビや写真など映像、画像もある。インターネットのメディアもある。私の時代は新聞が全盛だったので新聞を、中でも日本を代表する質の高い朝日新聞を選んだ。実際、先輩にも同僚にも優秀な記者がたくさんいて刺激になった。

新聞やテレビは、社によって報道の内容や社員の質など傾向が異なる。自分に合った場を選べばよい。最初からフリーという手もあるが、本人に相当な実力がなければ無理だ。雑誌がどんどん無くなっている現状を見ると、取材したものを発表する媒体を探すことにエネルギーを費やしてしまいそうだ。

2. 事実を求めて

〈現場第一〉

ＡＰやロイターなど世界の通信社が送ってくる災害やテロ、事件などの第一報を見れば、どこで何が起きたか概要はわかる。ニュースとして大きい、あるいは今後につながる事件だと思えば、現場に行って自分の目で見て判断したものを発信する。必要なのは、すぐに出かける「身軽さ」だ。

中南米に特派員で派遣《はけん》される前年の１９８３年に米軍がカリブ海のグレナダに侵攻した。そのとき現地に外国の記者はだれもおらず、侵攻の様子は米軍が発表する内容しか伝わらなかった。あとになって、その発表が一方的な見方だったことがわかった。侵攻の兆候《ちょうこう》はあったのだから事前に誰か一人でも現場にいれば、米軍とは違うニュースが流れていたはずだ。そう思った私は、何か兆候があれば直ちに現場に行こうと思った。

１９８９年の東欧革命でルーマニアに革命が起きたと聞いて、すぐに列車に乗って現場を目指したのはその精神の表れだ。革命が本当に起きたのか確かめてから行くのでは遅い。前日にルーマニア国境で記者が列車から降ろされたというニュースを聞いていたが、それで腰が引けるのではなく、そこを突破して現場入りしようと考えるのがジャーナリスト魂《だましい》である。なんとかなるかと悩むより、なんとか「する」のだ。

現場に行けば最前線に行く。肉声、臭い、細部を描写する。自分の目がビデオカメラになったように形、色も細かく描写する。読者の脳に画像や映像が浮かぶように表現する。何かに感動すれば、何が自分を感動させたのかを分析し、綿密に描写する。

市街戦のさなかに情勢が変化し日本大使館が撤退を迫ったことは第2章で書いた。命の危険にさらされたとき、留まるか撤退するかの判断では究極の決意を求められる。情勢を分析する材料があればそれで考えればいい。そうでない場合は本人の報道にかける姿勢がそれを決める。「こんなところで死にたくない」と言ったＮＨＫの記者は、東欧革命などたいした出来事ではないと思ったのだ。私は「今は歴史の転換点だ」と認識した。ここで死ぬならジャーナリストとして悔いはないとも思った。その違いが行動を分けた。もちろん私が死んでいたら、世間は私の判断が甘かったと言うだろう。しかし、どういわれようと、最終的な判断の決め手は自分自身が納得できるかどうかだ。

現場で報告するのは見たことだけではない。常に「なぜ」を考える。東欧革命のときチェコは無血革命だったのに、なぜルーマニアは流血になったのかと理由を探った。そこで民主主義の歴史があったか無かったかの違いを見出した。開明的と言われたルーマニアのチャウシェスク大統領がなぜ独裁者に変わったかと疑問を抱いて取材し、ソ連の介入の懸念から側近を身内で固めたという原因を引き出した。

これが調査報道である。ただ見たものを伝えるのではなく、「なぜ」そうなったのかを追求することで社会がおかしくなった原因を探り当て、そうならない道を示す。やり終えたとき科学者が新たな発見をしたような達成感がある。

〈記者クラブ制度の悪〉

調査報道の反対にあるのが発表ものだ。役人や企業などの発表を聞いて書く。自分で調べずに相手の言うままを書けばいいのだから楽だ。しかし、相手がいつも正しいとは限らない。一方的な見方かもしれない。何か隠しているかもしれない。そのまま信じると相手の策略に乗って、うその宣伝に手を貸すことになる。政府や軍など権力を持つ者の発表にはこれが多い。

福島の原発事故の直後、東京電力の記者会見が公開された。東京電力の社員が発表する言葉を記者は筆記するだけで何も質問しない。記者は本来、被害者や国民の立場に立って企業を追及すべきなのに、その姿勢がまったくなかった。ジャーナリストではなく東京電力お抱えの広報担当者としか思えなかった。

なぜ、こんなことになるのか。それは世界にも特殊な日本の記者クラブ制度のせいである。日本では政府や官庁、警察など主な公の機関に記者クラブの部屋があり、大手メディア各社の記者が常駐している。役所が市民に何か知らせたいとき、ここで発表すれば新聞やテレビが流してくれる。メディア側にとっても、ここに記者を置いておけば簡単に情報がとれる。両方の利害が一致しているから存在してきた。

記者クラブが生まれたのは１８９０（明治２３）年だ。明治政府が帝国議会という国会を発足させたさい、東京の新聞社が集まって情報の公開を求めた運動の結果、共同新聞記者倶楽部が生まれた。当時は権力が強く、新聞は生まれたばかりだ。弱いメディアが結束して権力から情報を出させようとメディア側の要請から生まれた。

ところが長年続くと弊害が生まれた。ここにいるだけで自動的にニュースが入って来るので、記者は自分から積極的に取材する努力を怠るようになった。いまいる社だけで情報を独占し、新しいメディアを記者クラブに入れないようにした。記者クラブの加盟社がニュースを出す時期などを談合し、従わない社は記者クラブを除名した。

記者は一つの記者クラブを少なくとも1年担当する。発表する側と顔見知りになるから、なれあいが生まれる。とりわけ政治部と経済部にこの傾向が強い。政府の官邸クラブの記者会見に東京新聞の望月衣塑子《いそこ》記者が入って疑問を問いただした。発表の内容に疑問を持てば、記者はふつう嵐のように相手に質問を浴びせる。社会部ではそれが当たり前だ。望月さんは社会部の記者だから、ふだんしているようにした。すると官邸クラブにいる他社の政治部の記者たちから排除されそうになった。

それには理由がある。大手のメディアには政治部だけで100人を超す記者がいる。記者を特定の政治家や派閥《はばつ》にはりつける。情報を持っている政治家や官僚に密接に近寄って情報を聞きだそうとするのでアクセス・ジャーナリズムと呼ばれる。取材の一つの方法だが、節度を持たなければ政治家と記者が癒着《ゆちゃく》する。

記者は記事の素材が欲しいから政治家にすり寄る。政治家はそれを利用して、自分に都合のいい記事を書く記者だけに情報をやる。つまり政治家が記者をコントロールするようになる。もちろん気骨ある記者もいて徹底的に干されながら他から取材して独自の記事を書く人も現にいる。しかし、大変な努力と精神力を必要とするので、これができる人はきわめて少ない。多くの記者は「御用聞き」に堕ちる。

世界で日本のほかにこのような記者クラブ制度があるのは、植民地時代に日本と同じ制度になった韓国と台湾だけだった。韓国は２００２年の大統領選をきっかけに記者クラブを廃止した。

世界の国で取材をしてみると、記者クラブがなくて何の問題もない。要は必要なときに必要な人に会いに行けばいいのだ。役所だって広報したいときに各社に連絡すればいい。世界の非常識である今の記者クラブは廃止あるいは権力に対抗する初期の姿に戻すべきだ。ジャーナリストの基本は調査報道である。

日本では、マスコミに入社した記者はまず警察の記者クラブに所属する。最初から記者クラブに浸かるから、それが当たり前と思ってしまう。世界はそんなものなしでやっている。今すぐ機構を変えるのは難しいだろうが、一人一人の記者が記者クラブがない状態を想定して仕事をすれば、いつしか不要になるだろう。

〈国益と政府益〉

権力は腐敗する。堕落するとウソをついてでも権力を維持しようとする。そのときに「間違っている」ときちんと言えるのが本来のメディアだ。

しかし、そのようなメディアは権力にとって邪魔《じゃま》だ。なんとかメディアをとりこもう、政府の言うままにさせようと権力は考える。

２０１６年に総務大臣がテレビ放送の許認可権を盾《たて》にテレビ報道に圧力をかけた。政府の言うとおりにしないなら、あなたのテレビ局をつぶしますよ、という脅《おど》しだ。これは独裁国家がやることで民主国家ではありえない。また、２０１４年の総選挙で首相の側近がメディアに対し「報道の公平中立」を求めた。報道が中立なのは当たり前だが、わざわざ注文したのは与党に不利な報道をするなと言う脅しである。

すぐに影響されたのがテレビ局だ。メディアは本来、権力に批判的なものだが、権力に疑問を投げかける報道をしたあとに「両論併記」という名目で権力側の意見も報道するようになった。一見、正しいように見えるが、権力の主張、反論、それへの反論と3つの主張が出ることによって権力側の主張が2回繰り返される。さらには権力への反論が否定される効果を招いた。

政府はよく「これが国益だ」という。メディアや国民も、国民なのだから国益に逆らってはいけないと考えがちだ。それは違う。政府がやっていることが本当の意味で国家にとって利益になるとは限らない。実際、戦前には政府が国家を戦争に導いて国家を破滅させたではないか。

政府が言う「国益」の多くは「政府益」だ。そのときどきの政府にとっての利益にすぎない。そこをきちんと踏まえたうえで報道することが大切だ。政府はこう主張するが、客観的に見れば国益にはそぐわないと指摘することが必要だ。それができるためにメディアは日ごろから大局を見る目を養い、読者の信頼を得なければならない。

権力の監視はメディアの大きな役割だ。政府にたいしてどんなスタンスが必要だろうか。日本の政治も文化もよく知る知日派のアメリカ人学者は「メディアはどこの国でも『中《ちゅう》左《ざ》衛門《えもん》』であるべきです」と言った。左右に偏るのでなく中道であり、政府を批判する立場を堅持し「中道の左」に位置して政治を見渡すのがメディアとして最も適しているということだ。名言だと思う。

3. 何のために伝えるのか

〈ジャーナリストの立ち位置〉

ジャーナリストが求めるのはニュースだ。日常ではない特別なことや異常なことがニュースになる。異常の極《きわ》みが戦争だ。では、ジャーナリストは戦争で何を伝えるのだろうか。最前線で目に見えるのは銃や大砲を撃ちあう姿だ。そこで戦う兵士よりも、畑が戦場となって生活を失った難民を取材することが私には多かった。戦争は軍人ではなく難民に聴いた方が、本質がよくわかる。軍は勇ましい戦果やウソの宣伝しか語らないが、難民は戦争の悲惨さを身をもって示す。事件の本質は被害者から見えてくる。公害は患者から、教育のことは教育委員会でなく落ちこぼれた生徒から見えてくる。

政府の役人や会社の役員などいわゆる「偉い」人は、自分の利益に基づいて話す。それをそのまま記事にすれば彼らの宣伝に手を貸すだけだ。「偉い」人が何か言ったら、本当かどうか検証することが必要だ。なぜならジャーナリストの立ち位置は、一般の市民にあるからだ。普通の人々、庶民にとってそれがどうなのかを常に考える。

何かを知って報告するといっても、肝心なのは何を伝えるかだ。日本の戦時中、ニュースと言えば「大本営発表」だった。「我が軍はこれだけの戦果を挙げた」という軍の発表を新聞もラジオも流したが、その大半がウソだった。こんな報道ばかりしたために国民は次々に命を落とした。国家の運命も誤らせた。政府の発表をそのまま伝えるのはジャーナリズムではない。単なる宣伝である。

戦時中の日本にジャーナリズムはなかった。

ジャーナリストが伝えるべきは真実だ。安全な場所にいて発表を聞いているだけでは、真実はわからない。身を挺《てい》して現場に行って初めて真相がわかる。ベトナム戦争の時代、現場を踏んだ勇気ある記者が戦場の真実、政府発表のウソを人々に伝えた。それがきっかけで市民の反戦運動が起き、戦争の終結をもたらした。このように報道には政治を変える力がある。政治家が暴走すれば、それを指摘するのがジャーナリストだ。そこで真実を知った市民が下からの運動で社会を動かすのが本来の民主主義だ。

現場に行かなくても、発表を分析することで見えてくる真実もある。イラク戦争のアメリカで、新聞に出る戦死者の名の多くがヒスパニックと呼ばれる中南米系の人々だと気づいた。白人に替わって貧しい移民が兵士となり、白人のために死ぬと言う構図が浮かび上がる。それを記事にした。

〈中立とは何か〉

戦争に限らず、ものごとの場合は対立する当事者がいる。あるいは政策を決めるとき意見が対立する。こうしたとき先入観を持たずに両方からきちんと言い分を聞くのが大切だ。客観的な立場、中立は基本的な立ち位置である。

しかし、両方をきちんと取材すれば、どちらが正しいか、あるいはどちらも間違っていてほかに道があるのか、が見えてくる。それがわかれば結論を主張しよう。中立であるべきだからといって結論をあいまいにしたまま両論を併記するだけなら、取材した意味がない。根拠を示して、おかしいことはおかしいと言うべきだ。

人権を抑圧する支配者と抑圧される市民がいる社会を見たとき、記者はこうした社会の存在を知らせる。しかし、支配者が暴力で市民を抑圧するのを目にしたとき、両者の主張を書いて終わりという両論併記でいいのだろうか。人権が侵されているときに中立などありえない。ジャーナリストは抑圧される側に立つべきだ。

日本では新聞がどれも似たような内容だ。テレビでは原発や基地、憲法など政治とかかわる話題になれば、出演者は表現をぼかす。ああでもない、こうでもないと両論を言うことが中立だと考えているようだ。それはジャーナリストのやることではない。ジャーナリストは問題点を指摘し、取材した経過を明らかにし、取材の結論も明確に述べるべきだ。両論を検証した結果、どちらかが正しいという考えに達すれば、そう言うべきだ。

アメリカを始め世界の新聞は、選挙のとき支持政党を明らかにする。ニューヨーク・タイムズは民主党を支持することが多い。最初からその立場で取材するのではない。取材した結果、今回も民主党を支持すると言う結論を得た、と発表するのだ。

日本の新聞やテレビは「中立」という言葉に自らを縛り付けているようだ。取材に取り掛かるときは中立でなくてはならないが、結論まで中立にしなくてはならないと考えがちだ。そこからあいまいな報道となり、結局はジャーナリズムの責任を果たさないことになる。ジャーナリストは取材の結論まできちんと伝えてこそ責任を果たしたと言える。

結論をあいまいにする背景には、取材の結果を明らかにすれば反対派の読者や視聴者から「偏向している」と批判され、読者を失ってしまうという経営面の配慮がある。しかし、そこは経営陣ががんばるべき部分だ。個々のジャーナリストは経営まで意識すべきではない。経営を意識して結論をあいまいにするなら、カネのために結論をねじまげることになり、報道は堕落する。

〈何のために伝えるのか〉

報道の目的は何だろうか。事実を知らせると言えば簡単だが、どこまで伝えればジャーナリストとして責任を果たしたことになるのだろうか。軍事政権時代のチリでは、軍部が独裁政治をして市民を弾圧していた。今の中国でも強権的な政府が少数民族を圧迫している。こうした事実を見て、政府が市民を弾圧し市民は苦しんでいますと、さらりと指摘するだけでいいのだろうか。

権力が武器を手にして、弱い市民を抑圧するのを目の当たりにして憤《いきどお》らないだろうか。こうした現実に目をつぶって平気でいられるだろうか。報道は公平、中立であるべきだと言って、両方の言い分を対等に書けばそれで目的を果たしたことになるだろうか。それは現状を追認することになる。

私は中南米で貧困や戦争にあえぐ第三世界の人々を見て、ジャーナリズムの目的を意識するようになった。それはただ事実を知らせることから一歩踏み出して、この地球上に公正で公平な社会正義が活かされた社会をもたらすための道を示すことだ。

戦後のヨーロッパで発展した平和学で「積極的平和」という概念がある。格差や不平等など社会のもめごとにつながる事象を放っておけば、それがもとで紛争となり、やがて戦争に発展することもある。そうならないよう、こうした要因を取り除いて誰もが安心して暮らせる社会にすることを積極的平和と呼ぶ。この積極的平和の推進こそジャーナリストの役割だと思う。

韓国の民主化のために闘った金大中《キムデジュン》・元大統領は軍事政権によって死刑判決を受けるなど命の危険に6度もさらされた。彼の遺言《ゆいごん》は「行動する良心たれ」だ。「行動しない良心は悪の側にいる」とも語った。いくら自分は良い人間だと思っていても実際に行動しなければ単なる思い込みにすぎない。行動して初めて価値あるものとなる。行動しなければ現状をそのまま追認して、結果的に今の悪政を支持する側に回ってしまう。ジャーナリストもまた同じだ。ジャーナリストこそ「行動する良心」であるべきだ。

NGOのなかに、社会に提言するアドボカシー型のNGOがある。ジャーナリストとは、いわば「一人NGO」である。取材で得た知識を社会に役立て、より良い社会を築くのが、その目的だ。では、どんな社会がより良い社会なのだろうか。中南米の独裁国家が民主化する過程や東欧の独裁国家が次々に崩壊する姿、さらにはテロに動揺する超大国アメリカや、権力に抵抗して闘う人々を取材して確信したことがある。それは、世界が「自由・人権・民主主義」に向かって進んでいることだ。ならば世界が、日本が、この方向に向かうよう尽くすことがジャーナリストの道ではないか。

そう考えると、職業としてのジャーナリストに必要な資質が見えてくる。①何でも探求しようとする知的好奇心、②公正で正義の社会をつくろうとする志、③最底辺の弱者の視点、④あきらめないで最後まで取材する執念、⑤困難な事態でも何とかなるさと考える楽観性、⑥それを何とか「する」技量、の六つだ。

〈憲法9条の会〉

世界の国々を取材して、憲法は持っているだけでなく国民が使って初めて意味を持つという世界の常識を知った。コスタリカを取材すると、平和憲法を活用して世界に平和を広め、国内では格差や不平等がない社会をつくる努力をしている。日本でもできるはずだ。

2000年、私は現在の憲法をただ守る「護憲」でなく、憲法を活用する「活憲《かっけん》」を朝日新聞の紙面で提唱した。2002年には日本の弁護士グループとともにコスタリカの憲法状況を視察した。コスタリカの弁護士と意見を交わすなかで、ともに平和憲法を持つ両国をつなぐ市民団体を結成して交流を深めようと提案し、その場で「コスタリカ平和の会」を創立した。私は共同代表に就任した。

ジャーナリストはなにも新聞だけが活躍の舞台ではない。自分をジャーナリストという職業に押し込める必要もない。社会のためにできることを考え、そのときどきで最善の方法をとればいい。

アメリカから帰国した1か月後の2004年6月、作家の大江健三郎さんや井上ひさしさんら9人の呼びかけで「九条の会」が発足した。憲法を改め9条をなくそうとした政権の動きに反発した市民運動だ。

全国各地につくられた九条の会で、私も憲法について講演を求められた。講演集『活憲の時代〜コスタリカから9条へ』を出版したのは2008年だ。5年間で6刷を重ねた。講演はすぐに年間50回レベルに達し、2009年からは年100回レベルになった。平和憲法が権力によって侵されようとしたとき、市民は憲法を知ることで対抗しようと考えたのだ。

２０１６年に「九条の会」の世話人会が発足した。呼びかけ人が次々に亡くなったため、新しい世代が盛り立てようとした。世話人は１２人。多くは憲法などの学者で、異色なのは私と翻訳家の池田香代子さん、ＮＧＯ活動家の高遠菜穂子さんだ。世話人会は改憲の動きが出るたびに国会で記者会見を開いた。北朝鮮のミサイルがしきりに飛んだ２０１７年、北東アジアの平和構築を目指して日韓中の国際会議が韓国で開かれた。私は日本の「九条の会」の活動を報告した。

講演で私がよく話すのが、アフリカ沖のスペイン領カナリア諸島にある「憲法９条の記念碑」だ。実物を見たのは２００６年だった。成田空港からドイツのミュンヘンに飛び、スペインのマドリードへ。もう一度乗り換えてカナリア諸島に降り立った。私の講演を都内で聞いた女性が仕事先のトルコの町に働きかけ、２０１５年にはトルコ語に訳した「憲法９条の碑」ができた。

国内で最初に見たのは沖縄の読谷村だ。以来、全国各地にある「憲法９条の碑」を訪ねている。２０１８年の憲法記念日のさいには『週刊金曜日』で2号にまたがって全国の記念碑を掲載した。同じ時期に「沖縄の９条の碑をめぐる旅」を提案し沖縄本島、石垣島にある憲法９条の記念碑をまわった。『９条を活かす日本～１５％が社会を変える』という本も出した。

憲法９条をめぐっては、政治的な対立がある。ジャーナリストは中立だから政治的にも中立であるべきだという意見もある。一見正しいように見えるが、結局は権力側に加担することになる。あからさまに言えば御用ジャーナリストだ。どんな社会を求めるべきかを追求するジャーナリストなら果敢に主張し、かつ行動すべきだ。私は、そのように思い、実践している。

あとがき

自分が13歳のとき、将来の職業に何を夢見ていたか……正直言ってそんな先のことまで想像がつかなかった。目の前の中学生活を過ごすのに精いっぱいだったし、そのころは人一倍の恥ずかしがり屋で、人前に出ると顔が真っ赤になって口がきけなかった。それが今、世界を駆けまわって人前で講演をしている。

性格が変わった具体的なきっかけがある。中学2年生のとき担任の先生から生徒会長に立候補するよう言われた。とんでもないと涙ぐんで拒《こば》んだが、トボトボと帰宅する途中、「もしかして面白いかな」と思った。帰宅すると猛然と立候補の演説文を書いた。このときが私の人生の最初の転機だと今、思う。

当選し、最初の4か月は人前であいさつするたびに真っ赤になった。しかし、慣れると演説を楽しむようになった。今はできなくても、やっているうちにいつかできるようになる、性格は自ら変えることができると、身をもって知った。

将来を考えたのは高校3年生で、ばくぜんと政治家を志した。ならば総理大臣になろうと大学は法学部に決めた。まあ、小学生が野球選手を目指すようなもので、たいした決意はなかった。

大学に入ったときベトナム戦争が激しくなった。この時期に活躍したのが朝日新聞の本多勝一記者と毎日新聞の大森実記者そしてＴＢＳの田英夫キャスターらだ。現地に入って戦争の実態を克明に伝えた。市民の反戦運動が盛り上がり、世論も戦争終結を支持するようになった。

選挙で選ばれた政治家が政治を決めるよりも市民が運動によって世の中を変えて行くのが市民社会であり、これこそ本当の民主主義だと感じた。その世論を導くジャーナリストこそ、本当の意味での政治家だと思った。そこからジャーナリストを本気で目指すようになった。海外のジャーナリストの作品に魅《ひ》かれ、ジョン・リードの『世界をゆるがした十日間』やロバート・キャパの『ちょっとピンぼけ』などを読みふけった。

でも新聞記者になりたてのころ、この仕事は自分に向いていないと痛感した。赴任して３日目にやめようと思った。だって、警察署の記者クラブに毎日詰めて「何か事件はありませんか？」って聞くのは、とてもつまらない。入社して３年間、毎日のように「会社をやめたい」と言っていた（と妻が言う）。

仕事が面白くなったのは３年を過ぎてからだ。取材のコツや記事の書き方などわかってくると、記事の材料を探すたびに探検家の発掘調査のような気分を味わった。まして入社して１０年たって特派員になると、一人で世界を取材する責任感と醍醐味《だいごみ》、楽しさを味わった。

この本は、その入社１０年目からの体験を素朴に描いたものだ。ようやく独り立ちした記者が自分の嗅覚《きゅうかく》だけを頼りに世界を縦横に駆け巡った。日本では出会えない歴史的な事件や開発途上国の人々に刺激され、考え、自らを鍛えるうちにジャーナリストとして成長していった記録である。

読み返すと、スズメのようにおとなしかった記者が鷹《たか》のように強くなっていく過程が見えてくる。

そう、私も最初はもろい存在だった。しかし、中南米の厳しい政治、経済、自然の環境で生き抜いている人々と接しているうちに強靭《きょうじん》な精神を持つようになった。

アメリカ特派員として赴任する直前の2001年、新聞やテレビの記者4人による「言論表現の自由」と題したシンポジウムが東京で開かれた。私のほかTBSの金平茂紀氏らがパネリストだった。会場から質問が出た。「みんながあなたのように強くはない。どうしたらいいのか」

私は答えた。「僕だって最初は弱かった。上司にモノも言えなかった。しかし、おかしいことをおかしいと何度も言っているうちに強くなった。努力すれば強くなれる。自分は努力しないで他人が強いとうらやむのは卑怯《ひきょう》だ」と。口調が強すぎたが、私の本音である。

医者や弁護士は国家試験がある。ジャーナリストは、それに比べればはるかにやさしい入社試験だけだ。その分、自らが努力しなくてはならない。新聞やテレビなどマスコミ会社に入っただけなら、肩書はテレビ局員あるいは新聞社員にすぎない。ジャーナリストは自ら「なる」ものだ。

最初からその覚悟《かくご》をしろとは言わない。私だって、そんな覚悟は持っていなかった。可能な限り努力した者だけが胸を張って言える職業である。努力を怠ったとき、ジャーナリストの魂は体から去っていく。それを肝に銘じよう。

45年前に好奇心から記者となり、35年前に不安な気持ちのまま特派員になった私は、思いつくものはなんでも取材した。できるだけ現場に行き、ルポルタージュを心がけた。さまざまな試練を経て今、「行動するジャーナリスト」を自認するようになった。

いまジャーナリスト人生をたどってみると、中南米の「解放の神学」に共感を覚える。両論を併記しておしまいにするのがこれまでの「ジャーナリスト」なら、「行動するジャーナリスト」は虐《しいた》げられた人々の立場に立って社会に自ら働きかける「解放の神学」の聖職者のようなものだ。

わざわざ私の事務所を訪ね、本を書くよう勧めてくれた『かもがわ出版』の三井隆典会長に感謝したい。ジャーナリズム論というほどのものでなく私のジャーナリスト人生をたどったにすぎないが、それだけに具体的なジャーナリスト像が見えるのではないか。

今、日本のジャーナリズム界は委縮《いしゅく》し、世界の記者が不思議がるほど本来の批判機能を停止している。奮《ふる》い立ってほしいし、新しい世代のジャーナリストは自由に羽ばたいてほしい。

東京都世田谷区の13歳の女子中学生、坂口くり果さんは小学生の時から国際平和に関心を持ち、コスタリカなどの研究をまとめ、沖縄や北方領土に行き、難民を支援し、子どもの権利条約が実現するよう区長に働きかけた。「行動するジャーナリスト」を実践する13歳が、現にいる。

著書は巻末に記したが、ほかにジャーナリズム関係の著作として本文にも記した『たたかう新聞「ハンギョレ」の12年』（岩波ブックレット）が、共著としては『職業としてのジャーナリスト』（岩波書店）、『メディアの内と外』（岩波ブックレット）、『新聞記者をやめたくなったときの本』（現代人文社）がある。参考になれば幸いだ。

2019年9月15日　フリーとなって5年、古希《こき》を迎えて

伊藤千尋

伊藤 千尋（いとう・ちひろ）

1949年山口県生まれ、東大法学部卒。在学中にキューバでサトウキビ刈り国際ボランティア、73年卒業し東大「ジプシー」調査探検隊長として東欧を調査。74年朝日新聞に入社し、サンパウロ支局長（中南米特派員）、バルセロナ支局長（欧州特派員）、ロサンゼルス支局長（米州特派員）を歴任。2014年からフリーの国際問題ジャーナリスト。これまで82か国を現地取材した。NGO「コスタリカ平和の会」共同代表、「九条の会」世話人
主著に『9条を活かす日本～15%が社会を変える』『凛としたアジア』『凛とした小国』（新日本出版社）、『世界を変えた勇気～自由と抵抗51の物語』（あおぞら書房）、『反米大陸』（集英社新書）、『燃える中南米』（岩波新書）、『観光コースでないベトナム』『キューバ～超大国を屈服させたラテンの魂』（高文研）、『今こそ問われる市民意識～わたしに何ができるか』（女子パウロ会）、『太陽の汗、月の涙』（すずさわ書店）など。

13歳からのジャーナリスト―社会正義を求め世界を駆ける

2019年11月5日　第1刷発行
著　者　© 伊藤千尋
発行者　竹村正治
発行所　株式会社かもがわ出版
〒602-8119　京都市上京区堀川通出水西入
TEL075-432-2868　FAX075-432-2869
振替 01010-5-12436
ホームページ http://www.kamogawa.co.jp
製作　新日本プロセス株式会社
印刷　シナノ書籍印刷株式会社

ISBN978-4-7803-1055-9　C0036